Friedrich Purlitz

König und Witenagemot bei den Angelsachsen

Friedrich Purlitz

König und Witenagemot bei den Angelsachsen

ISBN/EAN: 9783955641603

Auflage: 1

Erscheinungsjahr: 2013

Erscheinungsort: Bremen, Deutschland

@ EHV-History in Access Verlag GmbH, Fahrenheitstr. 1, 28359 Bremen. Alle Rechte beim Verlag und bei den jeweiligen Lizenzgebern.

König und Witenagemot
bei den Angelsachsen.

Friedrich Purlitz

Druckerei von Heinr. Frese, Bremen
Kahlenstrasse 8
1892.

INHALT.

	Seite
1. Einleitung (Quellen)	1
2. Name und Mitglieder des Witenagemots	5
3. Ort und Zeit seiner Beratungen	8
4. Rechtliche Stellung des Königs zum Witenagemot	10
a. Erbliches oder Wahlkönigtum?	13
b. Frage der Absetzung des Königs	34
c. Mitwirkung des Witenagemots bei Ernennung der höchsten geistlichen und weltlichen Beamten	51
d. Beteiligung des Witenagemots an der Gesetzgebung	57
e. Festsetzung von Abgaben	59
f. Ueberweisung von Grundbesitz	61
g. Das Witenagemot als Gerichtshof	62
h. Das Witenagemot und die äussere Politik	63
5. Schluss	65

Litteratur.

Codex diplomaticus aevi Saxonici, ed. B. Thorpe. 6 Bände.
   London 1839—1848.
Ancient laws and institutions of England, ed. B. Thorpe.
   London 1840.
Reinh. Schmid, Die Gesetze der Angelsachsen, I. 2. Auflage.
   Leipzig 1858.

Baeda, historia ecclesiastica gentis Anglorum, ed. A. Holder.
   2. Ausgabe. Freiburg i. B. (ohne Jahr!)
Chronicon Anglo-Saxonicum, ed. B. Thorpe (mit englischer
   Uebersetzung). 2 Bände. London 1861.
Nennius, historia Britonum (in Monumenta historica Britannica, I).
   London 1848.
Asserius, annales rerum gestarum Alfredi Magni. (ebenda).
Florentii Wigorniensis chronicon, ed. B. Thorpe. 2 Bände.
   London 1848.
Henrici Huntendunensis historia Anglorum, ed. Th. Arnold.
   London 1879.
Simeonis Dunelmensis opera, ed. Th. Arnold. 2 Bände.
   London 1882—1885.
Wilhelmi Malmesbiriensis gesta regum Anglorum, ed. Th. D.
   Hardy. 2 Bände. London 1840.
Matthaei Parisiensis chronica maiora, I, ed. H. R. Luard.
   London 1872.

W. Stubbs, constitutional history of England. 4. Aufl. 3 Bde. Oxford 1883.

E. A. Freeman, history of the Norman Conquest of England. 5 Bde. 2. Aufl. Oxford 1870. (Bd. VI Index 1879.)

E. A. Freemann, the growth of the English Constitution. London 1872.

F. Palgrave, the rise and progress of the English commonwealth. 2 Bände. London 1832.

J. M. Kemble, Die Sachsen in England. Deutsch von A. Brandes. 2 Bände. Leipzig 1853/54.

Green, kurze Geschichte des englischen Volkes. Deutsch von Kirchner. 2 Bände. Leipzig 1889.

Lappenberg, Geschichte von England. Bd. I. Hamburg 1834.

R. Pauli, König Alfred und seine Stellung in der Geschichte des angelsächsischen Staates. Berlin 1851.

R. Gneist, engl. Verfassungsgeschichte. 3. Aufl. Berlin 1882.

R. Gneist, das englische Parlament in tausendjährigen Wandlungen. Berlin 1886.

R. Gneist, Verwaltung, Justiz, Rechtsweg, Staatsverwaltung und Selbstverwaltung nach englischen und deutschen Verhältnissen. Berlin 1869.

Einleitung.

Während wir für die Behandlung des Staatsrechtes eines modernen Staates in den meisten Fällen die zuverlässigste Quelle an der Kodifikation der geltenden Rechtsgrundsätze, an der Verfassungsurkunde selbst haben, fehlt gerade diese für uns wichtigste Quelle in dem Material für die angelsächsische Geschichte.[1]) Wohl haben wir eine grosse Anzahl von Urkunden[2]) und Gesetzen aus angelsächsischer Zeit, die zum Teil in eine sehr frühe Periode hinaufreichen, und die demgemäss für die Erkenntnis des damaligen Rechts von grossem Werte sind, aber erstere beziehen sich der Mehrzahl nach nur auf Ueberweisungen von Grundbesitz, und letztere sind fast durchweg strafrechtlichen Inhalts.[3])

So bieten uns beide Gruppen für die Erforschung des Staatsrechts nur ein äusserst dürftiges Material, und wir sind daher für dieselbe der Hauptsache nach auf die gelegentlichen

---

[1]) cf. Freeman, hist. of the Norm. Conqu. of Engl. I,², p. 103. We find the witan constantly assembling, constantly passing laws, but we find no law prescribing or defining the constitution of the assembly itself.

[2]) Gesammelt und herausgegeben von Kemble, codex diplomaticus aevi Saxonici. 6 Bde. London 1839—48. Ein Teil derselben ist übrigens vom Herausgeber selbst als unecht, bezw. verdächtig bezeichnet worden; es mag dahingestellt bleiben, ob sich nicht auch unter dem Reste noch manche Fälschungen befinden.

[3]) Die älteste uns erhaltene Urkunde stammt aus der Zeit des Königs Aethelberht von Kent (585—616) und ist datiert vom 28. April 604 (cod. dipl. I,1), ebenso trägt die älteste noch vorhandene Sammlung von Gesetzen den Namen dieses Königs.

Notizen der Chronisten angewiesen, diese aber lassen hinsichtlich ihrer Genauigkeit häufig sehr viel zu wünschen übrig. Wir werden im Laufe unserer Darstellung mehrfach Gelegenheit haben uns davon zu überzeugen.

An erster Stelle ist hier zu nennen Baeda, historia ecclesiastica gentis Anglorum[1]), die in den Jahren 731—34 geschrieben wurde und die Zeit von Cäsar bis zum Jahre 731 umfasst. Der Titel deckt nicht ganz genau den Inhalt; wenn auch die kirchengeschichtlichen Ereignisse im Vordergrunde stehen, so werden wir doch daneben noch über eine ganze Reihe von rein politischen Vorgängen unterrichtet. Baedas Quellen sind Orosius, Gildas, Eutropius, ausserdem empfing er von angesehenen Geistlichen seines Landes manche Nachricht, liess sich auch durch einen derselben (Nothelm) Abschriften aus dem päpstlichen Archiv mitbringen (cf. Baeda praef.) - Im übrigen ist es weniger sein Bestreben, kritisch vorzugehen, als eine sorgfältige Materialsammlung zu bieten. (ibid.)[2])

Baeda zunächst steht der Zeit nach Nennius (?), historia Britonum, ein Werk, das sich freilich an historischem Werte nicht im entferntesten mit Baeda messen kann. Es stammt etwa aus der Mitte des 9. Jahrhunderts, über den Verfasser ist nichts sicheres zu ermitteln.[3])

Am wertvollsten nächst Baeda ist für uns d. s. „Angelsächsische Chronik", ein Annalenwerk, das mit einigen kurzen Notizen über Britannien und Cäsars Landung dort anhebt, aber in den einzelnen Handschriften verschieden weit reicht. Die längste Handschrift, die aber nicht die älteste ist, wird bezeichnet als E. (Bodl. Laud. 636) und reicht bis 1154, die kürzeste, B. (Cott. Tiber. A VI) geht bis 977.

---

[1]) cf. hier und zu den folgenden Autoren Monum. hist. Brit. I, Preface.

[2]) Ausgaben: J. Smith, Cambridge 1722. Petrie, Monum. hist. Brit. I, p. 106—289. 1848. Moluly Oxford 1869. Holder, Freiburg i. B. 1882. (2. Ausgabe ohne Jahr.)

[3]) Ausgaben: Gale, Oxford 1691. Petrie, Monum. hist. Brit. I. p. 46—82.

Die Verfasser der Aufzeichnungen sind unbekannt, doch steht es fest, dass letztere zum Teil gleichzeitig mit den Ereignissen, die sie betreffen, niedergeschrieben sind.

Die „Angelsächsische Chronik" bildet die Hauptquelle für fast alle Chronisten um die Zeit der normannischen Eroberung.[1])

Eine gute Quelle ist auch die vita Alfredi Magni von Asser (gest. 910 als Bischof von Sherborne). In dem ersten grösseren Teile ist es wenig mehr als eine Uebertragung der angelsächsischen Chronik, erst im letzten Teile, der übrigens mit 887 schroff abbricht, bietet Asser selbständige Notizen. Da das Buch aber Alfred selbst gewidmet ist, so darf man seine Angaben nur mit Vorsicht benutzen.[2])

Die Gestalt, in welcher die Schrift uns vorliegt, ist nicht die ursprüngliche[3]).

Aethelweards Chronik (—975) ist eine blosse Kompilation aus Baeda und der Angelsächsischen Chronik, nur im letzten Teile finden sich einige selbstständige Angaben.[4])

Das „Chronicon" des Florentius Wigorniensis († 1118) ist eine Vervollständigung der Chronik des Marianus Scotus, (gest. 1082 oder 1083 zu Mainz). Als Quellen dienen ihm hauptsächlich die angelsächsische Chronik und Baedas Kirchengeschichte, daneben benutzt er Assers Leben Alfreds, sowie Biographien Dunstans und der Heiligen. Sein Werk, welches bis 1117 reicht, ist indessen keine geistlose Kompilation, sondern er stellt sein Material mit grossem Fleiss und auch nicht ohne historische Kritik zusammen.[5])

---

[1]) Ausgaben: Petrie, Mon. hist. Brit. I, p. 291—466. Thorpe, London 1861. Earle, Oxford 1865.

[2]) Ausgaben: Wise, Oxford 1722. Petrie, Monum. Brit. hist. I, p. 467—498.

[3]) cf. Ebert, Gesch. d. Litt. d. Mittelalt. im Abdld. Bd. III. p. 250. Leipzig 1887.

[4]) Ausgaben: Savile, London 1596, Frankfurt a. M. 1601. Petrie, Mon. hist. Brit. I, p. 499—521 (fast genauer Abdruck von Savile, cf. praef. p. 83).

[5]) Ausgaben: London, 1592, Petrie, Mon. Brit. hist. I, p. 522—644, Thorpe, 2 Bde. London 1848.

Zum Teil auf denselben Quellen beruht die historia regum Anglorum des Simeon Dunelmensis († 1130), die namentlich für die Ereignisse in Nordhumbrien von Wert ist und so eine schätzbare Ergänzung der Angelsächsischen Chronik bildet, die gerade über die Ereignisse im Norden der britischen Insel sehr wenig Nachrichten enthält.[1])

Die historia regum besteht aus zwei Teilen, von denen der eine die Zeit von 616—957, der andere die Jahre 849—1129 behandelt. Eine Fortsetzung bis 1154 liefert Johann v. Hexham.

Die historia Anglorum des Henricus Huntendunensis, die nunmehr zu nennen ist, schöpft zwar in erster Linie ebenfalls aus Baeda und der Angelsächsischen Chronik, daneben aber sind darin noch einige andere uns nicht mehr erhaltene Quellen herangezogen, und dadurch ist die Schrift nicht ohne Wert. Sie ist im 12. Jahrhundert entstanden und umfasst die Zeit von Cäsar bis zur Thronbesteigung Heinrichs II. (1154).[2])

Bedeutend höher als die letztgenannten vier Schriftsteller steht Wilhelmus Malmesbiriensis (1095—1148), dessen für uns wichtigstes Werk, de gestis regum Anglorum, die Geschichte Britanniens von der Landung der Angeln bis zum Jahre 1127 behandelt. Er ist der erste Autor seit Baeda, der nach einem gewissen Pragmatismus in der Darstellung strebt. Seine Quellen hat er mit ebenso viel Umsicht und Fleiss, wie richtigem historischen Urteil benutzt.[3])

---

[1]) Ausgaben: Twysden, London 1652. Petrie, Monum. hist. Brit. I, p. 645—688. Hinde, 1868. Arnold, London 1882, 2 Bde.

[2]) Ausgaben: Savile, London 1596. Petrie, Mon. hist. Brit. I, p. 689—763 (nur Buch I, II, IV—VI). Arnold, London, 1879.

[3]) Ausgaben: Savile, London 1596. Hardy, London 1840. 2 Bde.

Gleich bei der ersten Frage empfinden wir die Dürftigkeit des uns zu Gebot stehenden Materials auf das schmerzlichste. Wir können nämlich nicht einmal den offiziellen Namen der von uns gewöhnlich als „Witenagemot" bezeichneten Versammlung feststellen. ⁓ Der letztere Ausdruck begegnet uns einige Male in der Angelsächsischen Chronik[1]), daneben finden sich aber noch andere Bezeichnungen, wie mycel gemot[2]), gemot[3]), ealra witenagemot[4]), auch synod[5]), sowie die lateinischen Benennungen concilium[6]), synodus[7]), conventus[8]), prudens consilium[9]).- Der Ausdruck „synodus" scheint bereits in angelsächsischer Zeit wenn auch nicht ausschliesslich so doch vorherrschend von den Versammlungen der Geistlichkeit gebraucht worden zu sein. (cf. cod. dipl. I, N. 184, Gesetze Edmunds (p. 173, Schmid), cod. dipl. I, N. 116, 151 und 185. Chron. Saxon. ad ann. 742 und cod. dipl. I, N. 90. Anders Kemble, Sachsen in England II, p. 173).

Ebenso schwanken die Bezeichnungen der einzelnen Mitglieder der Versammlung, wir finden in der Angelsächsischen Chronik mehrfach den Ausdruck „witan"[10]) neben „rice men"[11]) und „wise men"[12]). Lateinische Benennungen sind: „principes"[13]), „patricii"[14]), „optimates"[15]), „magistratus optimates et duces

---

[1]) cf. Chron. Saxon. ad ann. 1048, 1050, 1052.
[2]) cf. Chron. Saxon. ad ann. 1020, 1047, 1065.
[3]) cf. Chron. Saxon. ad ann. 1050.
[4]) cf. Chron. Saxon. ad ann. 1055.
[5]) cf. Chron. Saxon. ad ann. 742.
[6]) cf. Baeda h. e. II, 2. Chron. Saxon. ad ann. 694, Flor. Wig. I, p. 206, Wilh. Malmesb. II, 179.
[7]) cf. Baeda h. e. II, 2. Flor. Wig. I, p. 145 cod. dipl. I, N. 82.
[8]) cf. Flor. Wig. II, p. 55.
[9]) cf. cod. dipl. I, N. 182.
[10]) cf. Chron. Saxon. ad ann. 675, 853, 868, 901, 971.
[11]) cf. Chron. Saxon. ad ann. 777.
[12]) cf. Chron. Saxon. ad ann. 694.
[13]) cf. cod. dipl. I, N. 1 und 16.
[14]) cf. cod. dipl. I, N. 27.
[15]) cf. cod. dipl. I, N. 79 und 83.

fidelissimique amici"[1]), „seniores populi"[2]), „senatores"[3]), „maiores natu"[4]), „proceres et satellites"[5]), „proceres et praetores"[6]), „sapientes"[7]), „primates"[8]). Doch ist wie für die Versammlung der Ausdruck „Witenagemot", so für die Mitglieder die Bezeichnung „Witan" allmählich eingebürgert. Da indessen auch in den Urkunden die Ausdrücke wechseln, so ist nicht mit Sicherheit anzunehmen, dass die erwähnten beiden Namen die offiziell gebrauchten waren.

Als Mitglieder des Witenagemots begegnen uns der König (an Stelle seiner Unterschrift ein Kreuz cod. dipl. I, 43 u. 47), gelegentlich auch der Sohn desselben[9]), ferner, wenn andere Anverwandte der königlichen Familie da waren, diese[10]), sowie die Ealdormen (Herzöge) der einzelnen Bezirke,[11]) und die Inhaber der höheren Hofämter.

Es fehlt auch nicht an Urkunden, die die Unterschrift der Königin tragen,[12]) auch die der Mutter des Königs kommt vor.[13]) Die Geistlichkeit war vertreten durch die Erzbischöfe, Bischöfe, Aebte und die Träger untergeordneter Würden (diaconi, presbyteres). Auch fungierte ein Geistlicher jedenfalls als Schriftführer.

An dieser Stelle zeigt sich nun in der Untersuchung über das Witenagemot eine sehr bedauerliche Lücke. Alle Forscher, gleichviel, welchen Standpunkt sie sonst einnehmen, sind darin

---

[1]) cf. cod. dipl. I, N. 99.
[2]) cf. cod. dipl. I, N. 121 und 122.
[3]) cf. cod. dipl. I, N. 185.
[4]) cf. cod. dipl. I, N. 196. Flor. Wig. I, p. 145.
[5]) cf. cod. dipl. I, N. 209.
[6]) cf. cod. dipl. I, N. 210 und 212.
[7]) cf. Aethelwerd, II, 17.
[8]) cf. Flor. Wig. I. p. 57.
[9]) cf. cod. dipl. I, N. 119, 151, 164, 166, 167 u. a.
[10]) cf. cod. dipl. I, N. 80, 83.
[11]) als „principes" oder ähnlich bezeichnet, cf. cod. dipl. I, N. 158, II, N. 242.
[12]) cf. cod. dipl. I, N. 118, 121, 122, 123, 151; II, N. 242, 243 u. a.
[13]) cf. cod. dipl. II, N. 333, 392, 393, (die Beispiele sind also keineswegs so selten, wie Kemble, Sachsen in England, II, p. 169, behauptet.)

einig, dass die Ealdormen, Erzbischöfe und Bischöfe im Witenagemot sassen, aber es fehlt eine eingehende Behandlung der Frage, ob die weltlichen und geistlichen Würdenträger durch ihre amtliche Stellung eo ipso der Versammlung der Witan angehörten, oder ob sie erst durch besondere Berufung oder Ernennung in dieselbe eintraten.

Am klarsten sprechen sich darüber Lappenberg und Freeman aus. Ersterer sagt (Gesch. v. England I, p. 577): „diese [die Witan] bestanden aus angesehenen Geistlichen und Laien, **welche durch ihr Amt zum Erscheinen im grossen Gemote verpflichtet waren**". Eine Belegstelle für diese Ansicht führt Lappenberg, wie wir hier ausdrücklich feststellen wollen, nicht an.

Dieselbe Meinung vertritt, und zwar ebenso entschieden, Freeman (Norm. Conqu. I, ^{2} p. 103): „we find no trace of representation or election .... we find no trace of nomination by the crown". Diese Behauptung Freemans muss man zwar als richtig anerkennen, aber man braucht darum noch nicht die Schlussfolgerung zu ziehen, die Lappenberg zieht, dass die betr. Mitglieder infolge ihres weltlichen oder geistlichen Amts auch im Witenagemot gesessen hätten. Denn für diese Behauptung ist ebenso wenig ein Beweis zu führen, wie für das Gegenteil. Das Urkundenmaterial, das sonst die beste Quelle zu sein pflegt, besitzt hier bei weitem nicht den Wert, wie in anderen Fällen, da zu viel Dokumente gefälscht sind, und die Echtheit des Restes auch nicht durchweg feststeht.

Es ist daher sehr wohl zu verstehen, wenn Stubbs (const. hist. of England I, p. 157 und 167) der Meinung Ausdruck giebt, die Mitgliedschaft des Witenagemots sei von einer besonderen königlichen Ernennung abhängig gewesen.

Eine Beteiligung des Volks (populus) durch gewählte Vertreter, wie sie Kemble[1]) und Freeman[2]) annehmen, lässt sich nicht nachweisen. Den richtigen Sachverhalt hat Gneist[3])

---

[1]) Sachsen in England II, p. 166.
[2]) hist. of the Norm. Conqu. I, ^{2}, p. 103; append. Q. p. 591.
[3]) Engl. Parlament p. 41, 43, 45.

mit folgenden Worten angegeben: „letzterer [„der Umstand"] liess es sich schwerlich nehmen, populäre Beschlüsse mit Beifall zu begrüssen, zuweilen auch wohl Zeichen des Missfallens zu geben. Mit Rücksicht auf diese oft ausserordentlich starke Beteiligung bezeichnen die Geschichtsschreiber die Versammlung sehr volltönend als „Versammlungen des ganzen Volkes", placita universi populi, placita omnium liberorum et hominum, assisa generalis u. s. w." Nicht zu übersehen ist, dass Kemble auch hier, trotz der bestimmten Form seiner Behauptung (a. a. O. „hier und da finden wir offenbare Spuren, wodurch die Anwesenheit des Volkes bei den Beratungen der witan und seine Zustimmung zu den Beschlüssen derselben erwiesen wird") keine Belegstelle anführt.

Freeman bringt zwar (append. Q. p. 591) eine solche bei, aber leider passt dieselbe nicht. Er verweist auf Aethelberhts Gesetze (Thorpe I, 2), wo es heisst „Gif cyning his leode to him gehated", und bemerkt hierzu: „Leode" bedeutet hier sicherlich „Leute" im weitesten Sinne". Dem steht aber entgegen, dass, wie Thorpe a. a. O. ganz richtig notiert, in der angelsächsischen Poesie „leod" häufig in der Bedeutung von „Fürst", „Häuptling" vorkommt. Das hier diese letztere Bedeutung anzunehmen ist, ergiebt sich aus p. 3, 21, 22 und 23.

Die Zahl der Mitglieder ist sehr verschieden, wir haben Urkunden, die nur von 18 bezw. 8 Personen unterzeichnet sind (cod. dipl. I, N. 166 u. 103), während andre 64 (cod. dipl. I, N. 220) und mehr Unterschriften aufweisen (so cod. dipl. 364 deren 92). Nach Kemble (Die Sachsen in England II, p. 170) beträgt die höchste von ihm aufgefundene Zahl von Unterschriften 106.

Ebenso wechselnd wie die Mitgliederzahl, sind Ort und Zeit dieser Versammlungen. Wir hören von Witenagemoten zu Berghamstyde[1]), Eaxanceaster[2]) (Exeter), Grentanleah[3]),

---

[1]) cf. Einleitung zu Wihtraeds Gesetzen, p. 14, Schmid.
[2]) cf. Einleitung zu Edwards Gesetzen II, 1, p. 114, Schmid.
[3]) cf. Aethelstans Gesetze II, 26, 3, p. 148, Schmid.

Jefersham[1]), Cirencester[2]), London[3]), Gloucester[4]), Oxford[5]) u. s. w. Wir dürfen also wohl annehmen, dass der Ort erst vom Könige, wenn er die Mitglieder einberief,[6]) bestimmt wurde.[7]) Sollte die Versammlung nur in geistlichen Angelegenheiten zusammentreten, so konnte die Berufung durch einen der Erzbischöfe im Auftrage des Königs erfolgen.[8])

Eine genau bestimmte Zeit für die Abhaltung der Witenagemots scheint es nicht gegeben zu haben. Wir haben zwar eine Anzahl von Urkunden, aus denen hervorgeht, dass an den hohen Festen der Christenheit, zu Ostern, Pfingsten und Weihnachten solche Versammlungen sattfanden[9]), doch waren dies jedenfalls nicht die einzigen. An sich war es ja durchaus zweckmässig, die Witenagemots an diesen Festen abzuhalten, da zu denselben sich stets eine grosse Anzahl von Würdenträgern am Hofe des Königs einzufinden pflegte, aber es traten doch unvorhergesehene Ereignisse ein, welche ein Zusammentreten der Witan erforderlich machten. In solchen Fällen wurden dann die Mitglieder einfach vom König einberufen, und zwar je nach Lage der Dinge ein oder auch mehrere Male[10]).

---

[1]) cf. eiusd. IV, p. 150, Schmid.
[2]) cf. Chron. Saxon. ad ann. 1020.
[3]) cf. Chron. Saxon. ad ann. 1047, 1048, 1050, 1052.
[4]) cf. Chron. Saxon. ad ann. 1048.
[5]) cf. Chron. Saxon. ad ann. 1065.
[6]) cf. Chron. Saxon. ad ann. 694 u. 1010.
[7]) cf. Gneist, engl. Verfassgsgesch., p. 83.
[8]) cf. Chron. Saxon. ad ann. 675.
[9]) Für Ostern: cod. dipl. I, 194, II, 270—272; V, N. 1050, 1101.
Für Pfingsten: cod. dipl. II, N. 364, 351.
Für Weihnachten: cod. dipl. II, N. 258.
[10]) 8. September 1048 nach Gloucester; zur Herbst-Tag- u. Nachtgleiche desselben Jahres nach London (cf. Chron. Saxon. ad ann. 1048). 1050 fand ein Witenagemot zu London statt (Chron. Saxon. ad ann. 1050), 1052 ebenda sogar zwei, das erste nach dem 1. September, das zweite noch vor Ende des Jahres (Chron. Saxon. ad ann. 1052. Flor. Wig. I, p. 206). 1055 wurde ein Witenagemot am 20. März (nach Flor. Wig. I, p. 212 zu London) abgehalten, cf. Chron. Saxon. ad ann. 1055. 1065 wiederum zwei: eins zu Northampton zwischen dem 29. September und 28. Oktober (Chron. Saxon. ad ann. 1065; Flor. Wig. I, p. 223), das zweite am 28. Oktober zu Oxford. (l. c.)

Nachdem im Vorgehenden die Frage der Zusammensetzung u. s. w. des Witenagemots behandelt worden, würde nun die nach der rechtlichen Stellung des Königs zum Witenagemot zu beantworten sein.

Bevor wir uns indessen der unmittelbaren Erörterung dieses Punktes zuwenden, ist es erforderlich, uns einen Umstand zu vergegenwärtigen, der zwar gelegentlich schon früher von Stubbs erwähnt,[1]) jedoch meiner Ansicht nach bisher nicht mit dem Nachdruck betont ist, der darauf gelegt werden muss, und vor allem auch in den sich daraus ergebenden Konsequenzen nicht genügend beachtet worden ist. Es ist das die Erwägung, dass einerseits viel auf den persönlichen Charakter des Königs ankam, andererseits auch ebensoviel von den Umständen abhing, unter denen ein politischer Akt vollzogen werden sollte, bezw. vollzogen wurde. Das erstere bedarf keines weiteren Beweises, und für das zweite genügt es, daran zu erinnern, dass die Grossen lediglich durch ihr Wort an den König gefesselt waren, und es also für letzteren von grosser Wichtigkeit war, mit den Mitgliedern des Witenagemots in gutem Einvernehmen zu bleiben.

Die Historiker, welche die Frage nach der rechtlichen Stellung des Königs zum Witenagemot untersucht haben, erscheinen uns im allgemeinen als Vertreter zweier, einander schroff gegenüberstehenden Ansichten: die eine Gruppe, zu welcher namentlich Kemble,[2]) Freeman,[3]) Lappenberg[4]) und Green[5]) gehören, sehen das Witenagemot als eine Versammlung an, deren Rechte denen eines modernen Parlamentes nicht allein durchaus gleich sind, sondern zum Teil sogar weit über

---

[1]) Stubbs, const. hist. of Engl. I,⁴ p. 157: In all these points, the actual exercise by the witenagemot of their allowed and recognised rights must have depended very much on the circumstances of the case and on the character of the sovereign with whom they had to deal.

[2]) Kemble, the Saxons in England, Dtsch. v. Brandes, 2 Bde.

[3]) Freeman, history of the Norman Conquest of England, 5 Bde. und 1 Registerband.

[4]) Lappenberg, Gesch. v. England, I.

[5]) Green, short history of the English people, Dtsch. v. Kirchner 2 Bde.

die Befugnisse eines solchen hinausgehen. Während nach moderner Rechtsanschauung ein Staatsakt zu stande kommt durch ein Einverständnis zwischen König und Volksvertretung, letztere also als gleichberechtigt neben dem ersteren dasteht, ist nach Freeman und den mit ihm übereinstimmenden Gelehrten das Königtum geradezu dem Witenagemot untergeordnet, und so wird der König lediglich zu einem von diesem ernannten Beamten, der sein Amt durch die Stimmen derselben Männer, die es ihm verliehen haben, auch wieder verlieren kann.[1]) Freeman gerät übrigens insofern in Widerspruch mit sich selbst, als er (Bd. I p. 104) sagt: „Der König konnte absolut nichts thun ohne die Zustimmung der Witan"; nur wenige Zeilen vorher aber sagt er: „Die Versammlung der Witan hatte kein Wort für oder gegen ein etwaiges Reformgesetz vorzubringen."[2]) Letzteres muss also nach Freemans Ausführungen offenbar durch eine einseitige Verfügung des Königs erlassen werden können, was der zweiten Behauptung von Freeman vollkommen widerspricht.

Den genannten vier Gelehrten gegenüber steht eine andere Gruppe von Historikern, deren hervorragendste Vertreter Rudolf Gneist[3]) und Sir Francis Palgrave[4]) sind Letztere beiden sehen in dem Witenagemote zwar eine Versammlung, die gelegentlich etwa dieselben Rechte ausübte, wie ein modernes Parlament, die aber in der Hauptsache doch nur eine beratende Versammlung und zugleich höchste richter-

---

[1]) cf. Freeman hist of the Norm. Conqu. I² p. 102 ff. u. ö.
cf. Kemble, Sachsen in England, II p. 183—189.
cf. Green, Gesch. d. engl. Volks I, p. 70.
[2]) The king could do absolutely nothing without the consent of his Wise Men. — The assembly of the Witan had not a word to utter for or against any possible Reform-Bill.
[3]) „Englische Verfassungsgeschichte," 3. Aufl. (1882) und „das englische Parlament" (1886), sowie „Engl. Verwaltungsrecht", (2. Aufl.) 2. Bde., ferner „Selfgovernment, Communalverfassung u. Verwaltungsgerichte in England", (3. Aufl.) und „Verwaltg., Justiz, Rechtsweg u. s. w."
[4]) The rise and progress of the English commonwealth, 2 Bde., London 1832.

liche Instanz war. (cf. Gneist, engl. Parlament, p. 30/31. Gneist, engl. Verfassungsgesch., p. 83. Palgrave, English commonwealth, I p. 639 f.) Zwischen beiden Gruppen, freilich nicht immer in klar und deutlich bezeichneter Stellung, befindet sich der Engländer William Stubbs[1]). Auch er sieht in dem Witenagemote eine beratende Körperschaft und stimmt also in sofern mit Gneist und Palgrave überein, andererseits wieder neigt er sich in soweit der Ansicht von Freeman, Kemble und Genossen zu, als er wenigstens der Theorie nach dem Witenagemote das Recht zuerkennt, den König zu wählen und eventuell ihn auch abzusetzen. (cf. const. hist. of Engl. I, p. 148 f).

Die beiden letzteren Fragen sind aber thatsächlich diejenigen, von deren Beantwortung die Entscheidung über die Stellung des Witenagemots zum Könige, und damit über die Befugnisse des Witenagemots überhaupt, abhängt. Namentlich die Frage des Absetzungsrechtes war von ausschlaggebender Bedeutung. War das Königtum ein Wahlkönigtum, so konnte der König, wenn er einmal gewählt war, doch nach Belieben schalten und walten, war er aber absetzbar, so stand er fortwährend unter dem Einfluss, ja unter der unmittelbaren Aufsicht des Witenagemots, und musste sich ängstlich hüten, dessen Unzufriedenheit zu erregen, um nicht Gefahr zu laufen, seine Krone zu verlieren. War der König gewissermassen nur ein von den Witan ernannter oberster Executiv-Beamter[2]) so empfingen offenbar auch die im Range dem König zunächst stehenden hohen Würdenträger ihr Amt von den Witan. Da nun mit demselben auch Sitz im Witenagemot verbunden war, so hatte damit die Versammlung ihre eigne Zusammensetzung und demgemäss auch das Schicksal der ihr zur Beratung zugehenden Gegenstände völlig in der Hand. Mit anderen Worten, es war eine vollkommene parlamentarische Regierungsform, in welcher die Befugnisse der Reichsversammlung weit über die einer Volksvertretung in einem modernen Staate zustehenden

---

[1]) Stubbs, constitutional history of England, 3 Bde.
[2]) So Freeman, Norm. Conqu. I², p. 115.

Rechte hinausgingen. Das Witenagemot hatte dann eine Macht in Händen, die sich nur mit der des römischen Senats in seiner Glanzperiode vergleichen lässt.

Prüfen wir nun an der Hand der Quellen den Sachverhalt und zwar zuerst die Frage der Thronbesteigung des Königs; dann die seiner Entthronung.

In Kent haben wir von der Mitte des 5. Jahrhunderts bis zu der des 7. eine Königsreihe, in welcher ohne jede Unterbrechung das Königtum sich bis in das achte Glied vererbt, indem stets der Sohn dem Vater folgt. Nicht ohne Grund pflegt man gegen solche weit hinaufreichende Genealogien, wie sie uns von den Chroniken gelegentlich überliefert sind, ein gewisses Misstrauen .zu haben, im vorliegenden Falle indessen sind uns die Namen durch Quellen überliefert, die wir als sonst zuverlässig kennen. Aber selbst gesetzt, dass die Namen der ersten Glieder in dieser Reihe ins Reich der Sage zu verweisen sind, so bleibt doch eine Thatsache bestehen, die für uns wichtiger ist, als die Namen selbst: der Nachfolger des verstorbenen Regenten wird als dessen Sohn bezeichnet. Es war dem Volke somit der Gedanke bereits in Fleisch und Blut übergegangen, dass auf den verstorbenen Regenten dessen nächster Anverwandter, in den meisten Fällen also der Sohn dem Vater, in der Regierung zu folgen habe.

Ein kurzer Ueberblick über die Geschichte von Kent wird dies näher zeigen.

Nachdem, wie die Sage erzählt, König Horsa 455 bei Aylesford gefallen, wird Hengist[1]) Alleinherrscher von Kent. Ihm folgen nach seinem Tode (488) sein Sohn Aesc[2]) (—512), sein Enkel Oth[3]) und sein Urenkel Ermenric[4]) (für letztere

---

[1]) cf. Baeda h. e. I, 15. Nennius, hist. 47. Chron. Saxon. ad ann. 455. Henr. Hunt. II, 3. Flor. Wig. I, 2. Wilh. Malmesb. I, 8.

[2]) cf. Baeda h. e. II, 5. Chron. Saxon. ad ann. 488. Henr. Hunt. II, 4. Flor. Wig. I, 3. Sim. Dunelm. hist. reg. Angl. 1.

[3]) cf. Baeda, h. e. II, 5. Henr. Hunt. II, 40. Wilh. Malmesb. I, 8. Sim. Dunelm. hist. reg. Angl. 1.

[4]) cf. Baeda, h. e. II, 5. Henr. Hunt. II, 40. Wilh. Malmesb. I, 8.

beiden giebt Wilh. Malmesb. I, 18 insgesamt eine Regierungszeit von 53 Jahren an, also bis 565). Auf letzteren folgen, wieder in ununterbrochener Reihenfolge, sein Sohn Aethelberht[1]) (—616), sein Enkel Eadbald (—640)[2]), sein Urenkel Erconberht (—664)[3]) und sein Ururenkel Egbert (—673)[4]).

Nunmehr wird die bisherige direkte Erbfolge durchbrochen; der Bruder des letzten Königs, Lothar[5]) mit Namen, bemächtigt sich der Regierung, wird aber heftig von Edric, dem Sohne seines Vorgängers, und dessen Anhang bekriegt, und dieser Edric besteigt auch nach Lothars Tode den Thron (685).[6]) Die Bürgerkriege dauern indessen fort, Edric verliert selbst darin sein Leben, es kommen noch Angriffe von aussen hinzu, bis 690 befindet sich das Land in einem Zustande der schlimmsten Verwirrung.[7]) In diesem Jahre gelingt es endlich Wihtred,[8]) dem jüngsten Sohn Egberts, der nunmehr „legitimus rex" ist, da sein Bruder gestorben ist, Ruhe und Ordnung im Lande wieder herzustellen. (Nach Baeda, h. e. V, 8. Chron. Saxon. ad ann. 692, Flor. Wig. I, p. 43, Henr. Hunt. IV, 6 u. 31 regierte gemeinschaftlich mit ihm Swebheard, wahr-

---

[1]) cf. Baeda, h. e. II, 5. Chron. Saxon. ad ann. 565. Henr. Hunt. II, 19 u. 40. Flor. Wig. I, p. 6. Wilh. Malmesb. I, 9. Sim. Dunelm. hist. reg. Angl. 1 u. 2.

[2]) cf. Baeda, h. e. II, 5. Chron. Saxon. ad ann. 616. Henr. Hunt. II, 30, II, 40, III, 20. Flor. Wig. I, p. 13. Wilh. Malmesb. I, 10. Sim. Dunelm. hist. reg. Angl. 2.

[3]) cf. Baeda, h. e. III, 8. Chron. Saxon. ad ann. 640. Henr. Hunt. III, 38. Flor. Wig. I, p. 19. Wilh. Malmesb. I, 11. Sim. Dunelm. hist. reg. Angl. 2.

[4]) cf. Baeda, h. e. IV, 1. Chron. Saxon. ad ann. 664. Henr. Hunt. II, 35. Flor. Wig. I, p. 26. Wilh. Malmesb. I, 12. Sim. Dunelm. hist. reg. Angl. 2.

[5]) cf. cod. dipl. I, 16. Baeda, h. e. IV, 5. Flor. Wig. I, p. 31. Henr. Hunt. II, 36 (nennt ihn fälschlich „Sohn" des Egbert). Wilh. Malmesb, I. 13.

[6]) cf. cod. dipl. I, 27. Baeda, h. e. IV, 26. Henr. Hunt. IV, 3. Flor. Wig. I, p. 38. (beide wörtlich wie Baeda). Wilh. Malmesb. I, 13.

[7]) cf. Baeda, h. e. IV, 26. Flor. Wig. I, 40. Wilh. Malmesb. I, 14.

[8]) cf. Baeda, h. e. IV, 26. (legitimus rex!) Henr. Hunt. IV, 6. (wörtlich wie Baeda). Wilh. Malmesb. I, 15. cod. dipl. I, 43 u. 47.

scheinlich sein Bruder. Die Bemerkung bei Henr. Hunt., sie seien „extranei" gewesen und hätten „per invasionem" die Krone erlangt, ist falsch, cf. Arnold zu Henr. Hunt. IV, 6.). Die Wirkung zeigt sich unmittelbar bei der nächsten Thronvacanz: Wihtred's Sohn, Eadberht[1]), folgt gemeinschaftlich[2]) mit seinen beiden Brüdern Aethelberht[3]) und Alric[4]). Als ersterer gestorben, regieren zunächst die beiden anderen gemeinschaftlich, nach Aethelberhts Tode führt Alric allein die Regierung.

Die nun folgende Zeit ist dunkel. Nach Wilhelm Malmesb. I, 15 starb mit Alric „der edle Königsstamm" aus. Ob Alric bis zu seinem Tode regiert hat, ist nicht festzustellen.[5]) Wilh. v. Malmesbury berichtet uns (l. c.) nur, dass, nachdem Alric aufgehört habe zu regieren, beständige Kämpfe stattgefunden hätten, während deren „impudentissimus quisque ad tyrannidem anhelare, tunc regio insigni abuti": Chron. Saxon. ad ann. 784 wird uns berichtet, dass Ealhmund, der Vater Egberts von Wessex, auf dem Throne von Kent gesessen habe, und aus derselben Quelle erfahren wir, dass 794 Eadbert Praen[6]) zur Regierung in Kent gelangte. Letzterer kämpfte unglücklich gegen Mercien und wurde gefangen genommen.[7])

---

[1]) cf. Baeda, h. e. V, 23, Chron. Saxon. ad ann. 725. Henr. Hunt. IV, 9. Flor. Wig. I, p. 50 (beide wieder wörtlich wie Baeda). Wilh. Malmesb. I. 18. Sim. Dunelm. de primo Saxonum adventu (II, p. 368 Arnold) cod. dipl. I, 85.

[2]) cf. cod. dipl. I, 105. (vielleicht ist hier in der Datierung 749 statt 759 zu lesen).

[3]) cf. Chron. Saxon. ad ann. 748. Flor. Wig. I, p. 55. Wilh. Malmesb. I, 15, cod. dipl. I, N. 77; 86; 108.

[4]) cf. Baeda h. e. V, 23. Flor. Wig. I, p. 50. Wilh. Malmesb. I, 15.

[5]) Hardy giebt in der Anmerkung zu Wilh. Malmesb. I, 15 das Jahr 794 als Alrics Todesjahr an, ohne aber eine Belegstelle hinzuzufügen. Aus den Jahren 778 und 779 haben wir zwei Urkunden, worin Egbert als König von Kent genannt wird (cod. dipl. I, 132 und 135), desgleichen in einer Urkunde ohne Jahr (cod. dipl. I, 160). Darnach könnte Alric damals höchstens noch „subregulus" gewesen sein.

[6]) Vielleicht ist dies der cod. dipl. I, 160 erwähnte Heaberht.

[7]) Chron. Saxon. ad ann. 796. Flor. Wig. I p. 63. Henr. Hunt. IV, 27. Wilh. Malmesb. I, 15.

Hiernach zu schliessen war also Kent bereits 784 nicht mehr selbständiges Königreich, sondern gehörte zu dieser Zeit schon zu Wessex und später zu Mercien. (So auch Lappenberg, Geschichte von England, I, p. 241.)

Von Königen, die nach ihm in Kent regierten, werden uns noch genannt Cuthred[1]) († Ende 805), der aber ausdrücklich als „nur dem Namen nach König" bezeichnet wird (Wilh. Malmesb.), und Baldred[2]), der im Jahre 823 von Aethelwulf, dem Sohne Egberts von Wessex, und seinem Ealdorman Wulfheard aus Kent vertrieben wird. Damit wird Kent definitiv mit Wessex vereinigt. Ueber die genealogischen Beziehungen Cuthred's und Baldred's ist uns nichts bekannt, doch scheinen sie nach Wilh. Malmesb. I, 15 nicht auf rechtmässige Weise, d. h. nicht durch Erbfolge, auf den Thron gelangt zu sein.

Der cod. dipl. II, 282 erwähnte Aethelbert von Kent ist ein Sohn des Königs Aethelwulf von Wessex (836—856) und folgte seinem Bruder Aethelbald 860 in der Regierung von Wessex nach, in Essex, Sussex, Surwey und Kent hatte er bereits seit dem Tode seines Vaters die Herrschaft innegehabt.[3])

Ebenso einfach liegt die Frage der Nachfolge in Ostanglien. Auf Guecha[4]), den ersten König dort, von dem wir Kunde haben, folgen nacheinander sein Sohn Uffa[5]), sein Enkel

---

[1]) cf. cod. dipl. I, 190 u. 191. Chron. Saxon. ad ann. 805. Flor. Wig. I, p. 64. Henr. Hunt. IV, 28. Wilh. Malmesb. I, 15.

[2]) cf. Chron. Saxon. ad ann. 823. Flor. Wig. I, p. 66. Henr. Hunt. IV, 29. Wilh. Malmesb. I, 15.

[3]) cf. Chron. Saxon. ad ann. 855 u. 860. Asser, de gest. Alfredi, p. 473. A. Aethelwerd, Chron. IV, 1. Flor. Wig. I, p. 77 u. 79 u. geneal. p. 273. Henr. Hunt. V, 4. Wilh. Malmesb. II, 118. Sim. Dunelm. hist. reg. Angl. 68.

[4]) cf. Nennius, hist. Brit. 66.

[5]) cf. Baeda, h. e. II, 15. Nennius, hist. Brit. 66. Flor. Wig. I, p. 16. Henr. Hunt. II, 25.

Tytilus[1]), sein Urenkel Raedwald[2]) und dessen Sohn Eorpwald[3]). Nach dessen Ermordung (628) folgt ihm, da er kinderlos ist, sein Stiefbruder Sigeberht[4]), allerdings erst nach dreijährigen inneren Kämpfen (631). Er dankte ab zu Gunsten des Egric[5]) und wurde Mönch (634). In welcher Weise zwischen ihm und Egric eine Verwandtschaft bestand, wissen wir nicht genau, uns ist lediglich das Vorhandensein einer solchen bezeugt. Nach kurzer Regierung wird Egric 635 ermordet, und mit ihm ist, da er keine Erben hinterlässt, dieser Zweig des königlichen Stammes erloschen. Gänzlich ausgestorben ist der letztere indessen nicht, ein Enkel des Tytilus, ein Sohn des Eni, des Raedwalds Bruder, Anna[6]) mit Namen, besteigt als der nächste Erbe den Thron (635). Neunzehn Jahre lang führt er die Regierung, dann fällt er im Kampfe gegen Penda von Mercien (654)[7]). Da er keinen Sohn hat, seine Töchter aber sämtlich den Schleier genommen haben, so geht die Krone über auf seinen Bruder Aethelhere[8]). Letzterer regiert indessen nur ganz kurze Zeit, bereits 658 fällt er in der Schlacht bei Winwidfield gegen Oswiu von Bernicien[9]). Obwohl Aethelhere zwei

---

[1]) cf. Baeda, h. e. II, 15. Nennius, hist. Brit. 66. Flor. Wig. I, p. 16. Henr. Hunt. II, 25.

[2]) cf. Baeda, h. e. II, 15. Flor. Wig. I, p. 16. Chron. Saxon. ad ann. 617. Henr. Hunt. II, 25. Wilh. Malmesb. I, 97.

[3]) cf. Baeda, h. e. II, 15. Chron. Saxon. ad ann. 632. Flor. Wig. I, p. 16. Henr. Hunt. II, 31. Wilh. Malmesb. I, 97.

[4]) cf. Baeda, h. e. II, 15. Henr. Hunt. II, 32. Flor. Wig. I. p. 17. Wilh. Malmesb. I, 97.

[5]) cf. Baeda, h. e. III, 18. (Da Egric nach dieser Stelle bereits Mitregent gewesen ist, war er vermutlich ein Bruder Sigeberhts.) Flor. Wig. I, p. 18. Henr. Hunt. II, 32. Wilh. Malmesb. I, 97.

[6]) cf. Baeda, h. e. III, 18. Henr. Hunt. II, 32. Flor. Wig. I, p. 18. Wilh. Malmesb. I, 97.

[7]) cf. Chron. Saxon. ad ann. 654.

[8]) cf. Baeda, h. e. III, 24. Flor. Wig. I, p. 22. Henr. Hunt. II, 33. Wilh. Malmesb. I, 97.

[9]) Chron. Saxon. giebt diese Notiz irrtümlich ad ann. 654.

— 18 —

Söhne hinterliess, Aldulf und Alfwold, ging gleichwohl die Herrschaft über auf seinen Bruder Aethelwald[1]).

Als dieser nach neunjähriger Regierung starb (663), folgte ihm Aethelheres ältester Sohn Aldulf[2]), der nicht weniger als funfzig Jahre die Geschicke des Staates Ostanglien lenkte. Nicht ganz so lange wie er regierte sein Bruder und Nachfolger Alfwold[3]), doch sass er immerhin 36 Jahre (713—749) auf dem Throne. (Die Regierungsjahre der beiden letztgenannten Könige sind allerdings nicht mit voller Sicherheit anzugeben.) Ueber die nun folgenden Könige und die Dauer ihrer Herrschaft sind wir höchst mangelhaft unterrichtet. Wilhelm v. Malmesbury nennt als nächste Nachfolger Alfwolds Beorna, Aethelred, Aethelberht[4]); nach Simeon v. Durham, hist. reg. Angl. 41 dagegen teilten Hunbeannah und Albert das Reich unter sich. Wilh. v. Malmesbury berichtet (l. c.) weiter, dass Ostanglien dann meist von Mercien abhängig gewesen sei und nur wenige selbständige Könige gehabt habe, als den letzten derselben nennt er den „sanctus Edmundus"[5]).

Nach seinem Tode tobt neun Jahre lang innerer Krieg, dann bemächtigt sich der Däne Guthorm der Herrschaft und führt sie unter Oberhoheit Alfreds d. Gr. bis 891[6]). Von einer

---

[1]) Flor. Wig. I, p. 23. Henr. Hunt. II, 33. Wilh. Malmesb. I, 97. Ein Grund dafür wird uns zwar nirgends angegeben, aber es ergiebt sich sehr leicht als solcher die Unmündigkeit der beiden Söhne: der ältere stirbt erst 59 Jahre, der jüngere gar erst 95 Jahre nach der Thronbesteigung des Oheims. Selbst wenn diese Zahlen nicht genau sind, so ist doch offenbar, dass beide eine sehr lange Regierungszeit hatten, also bei dem Tode ihres Vaters sich noch in ganz zartem Alter befinden mussten.

[2]) cf. Baeda, h. e. IV, 17. Flor. Wig. I, 27. Henr. Hunt. II, 40. Wilh. Malmesb. I, 97.

[3]) cf. Flor. Wig. I, p. 261. Sim. Dunelm. hist. reg. Angl. 41. Wilh. Malmesb. I, 97.

[4]) cf. Flor. Wig. I, p. 261 f.

[5]) cf. Asser, vita Alfredi, p. 475 D. Flor. Wig. I, p. 78. Henr. Hunt. V, 35. Chron. Saxon. ad ann. 870.

[6]) cf. Chron. Saxon ad ann. 890. Aethelwerd, Chron. IV, 3. Flor. Wig. I, p. 96 und 108. Sim. Dunelm. hist. reg. Angl. 81 und 102. Henr. Hunt. V, 7, 11 und 40. Wilh. Malmesb. I, 97.

Verwandtschaft zwischen ihm und seinem Nachfolger Eric wissen wir nichts, es wird uns von letzterem nur berichtet, dass er im Kampfe mit den „Angli" fiel (905)[1]). Bis 920 wird das Land von dänischen Machthabern regiert und in diesem Jahre dann von Eduard I. mit Wessex vereinigt[2]).

Wie in Kent haben wir auch hier eine längere Reihe von Regenten (fünf), in welcher stets der Sohn dem Vater folgt, dann regiert der Stiefbruder des letzten Königs, der zu Gunsten eines Verwandten abdankt. Auch bei den nächsten Herrschern wird überall die Verwandtschaft mit dem Königsstamme ausdrücklich bezeugt, und mit einer einzigen Ausnahme (Aethelwald) ergreift stets der nächste Angehörige des verstorbenen Königs die Zügel der Regierung.

Von 749 an ist freilich jeder Versuch einer genealogischen Aufstellung vergeblich.

Die Geschichte von Essex ist zum Teil in tiefes Dunkel eingehüllt, wir kennen zwar eine ganze Reihe Namen von Königen, die in Essex regiert haben, und wir wissen auch die Reihenfolge, in welcher sie herrschten, aber nur über einen Teil von ihnen vermögen wir eine annähernd genaue Chronologie zu geben, bei den übrigen beschränkt sich unsre Kenntnis auf die blossen Namen. Eine Genealogie derselben aufzustellen, ist jedoch vollkommen unmöglich.

Der erste König von Essex, von dem wir überhaupt Kunde haben, ist Erchenwin[3]) (—587). (Flor. Wig. nennt ihn Aescwine.) Auf ihn folgen nach einander sein Sohn Sledda[4]) (—597), sein Enkel Saeberht[5]) (—616), seine Urenkel Sexred und Seward[6]) in gemeinschaftlicher Regierung (—623), und

---

[1]) cf. Chron. Saxon. ad ann. 905. Flor. Wig. I, p. 119. Henr. Hunt. V, 14. Wilh. Malmesb. I, 97.

[2]) cf. Wilh. Malmesb. I, 97.

[3]) cf. Flor. Wig. geneal. (I, p. 250). Henr. Hunt. II, 19 und 40.

[4]) cf. Henr. Hunt. II, 19 und 40. Wilh. Malmesb. I, 98.

[5]) cf. Chron. Saxon. ad ann. 601. Baeda, h. e. II, 3. Henr. Hunt. II, 19 und III, 20. Wilh. Malmesb. I, 98.

[6]) cf. Flor. Wig. I, p. 13 (hier spricht Flor. Wig. von drei Söhnen Saeberhts, nennt aber keinen derselben mit Namen) u. p. 262. Wilh. Malmesb. I, 98.

Sewards Sohn Sigeberht (der Kleine —653)[1]). Vermutlich mit Hilfe Oswius von Northumbrien gelangte nun wieder ein Sigeberht[2]) (mit dem Beinamen „der Gute") auf den Thron. Er war ein Sohn des Sigebald, eines Bruders des Saeberht. Doch behauptete er sich nur kurze Zeit in der Regierung, bereits 660 wird er von seinen Verwandten ermordet. Freilich lag wohl ein anderer Grund vor, als seine von Florentius (I, p. 22) angegebene übergrosse Milde, in dem ganzen Anschlag haben wir zweifellos zu sehen einen Versuch von Sigeberhts des Kleinen Bruder und Sohn, die Krone der Linie des Sigebald zu entreissen und sie der Linie des Saeberht zurückzugeben. Der Anschlag gelang aber nur zur Hälfte, trotz der Ermordung des Sigeberht behauptete sich dessen Linie auf dem Thron; ein Bruder desselben, Suithhelm[3]) folgte ihm; da der Sohn Sigeberhts, Selred, sich noch in ganz jungen Jahren befand. Mit Suithhelms Tode ist den Nachkommen Sigeberhts d. Kl. die erwünschte Gelegenheit zur Wiedergewinnung des Thrones geboten; vermutlich mit Hilfe Wulfheres von Mercien gelingt dieselbe auch; Sigeberhts (d. Kl.) Bruder und Sohn, Sebbi bezw. Sigheri[4]) mit Namen, welche beide Ansprüche auf den Thron erheben, einigen sich dahin, dass sie gemeinschaftlich unter Wulfheres Oberhoheit die Regierung ausüben. Sebbi regiert bis 673, worauf er abdankt und ins Kloster geht[5]), Sigheri starb bereits vorher[6]). Auf Sebbi folgen seine Söhne Sigehard und Saeberht (—704)[7]), die ebenfalls gemeinschaftlich regieren; nach ihnen besteigt, da sie beide keine Nachkommen

---

[1]) cf. Flor. Wig. I, p. 262. Wilh. Malmesb. I, 98.

[2]) cf. Baeda, h. e. III, 22. Flor. Wig. I, p. 21 f. u. p. 262. Henr. Hunt. II, 31. Wilh. Malmesb. I, 98.

[3]) cf. Baeda, h. e. III, 22 u. 30. Flor. Wig. I, p. 22 u. p. 263. Henr. Hunt. II, 40. Wilh. Malmesb. I, 98.

[4]) cf. Baeda, h. e. III, 30 u. IV, 6. Flor. Wig. I, p. 33 u. p. 263. Henr. Hunt. III, 46 u. IV, 7. Wilh. Malmesb. I. 98.

[5]) Baeda, h. e. III, 30, IV, 6, IV, 11. Flor. Wig. I, p. 263.

[6]) cf. Flor. Wig. I, p. 263. Wilh. Malmesb. I, 98.

[7]) cf. Baeda, h. e. IV, 11. Flor. Wig. I, p. 263. Henr. Hunt. II, 40. Wilh. Malmesb. I, 98.

hinterlassen, Sigheris Sohn, Offa[1]), den Thron (704); als dieser 709 der Regierung entsagt, um nach Rom zu gehen und in den geistlichen Stand zu treten, ist aus dem Zweige des Saeberht niemand mehr da, der die Regierung übernehmen könnte, und so geht die Herrschaft abermals über an Sigebalds Linie: Selred, der Sohn Sigeberhts des Guten, wird Offas Nachfolger[2]) (—746). Von dieser Zeit an ist Essex nur vorübergehend selbstständig, meist befindet es sich in Abhängigkeit von Mercien. Aus der Zahl der wenigen wirklichen Könige wird uns noch Withred[3]) genannt, dessen Genealogie wir aber nicht ermitteln können[4]). Im Jahre 823 ward Essex dann, gleichzeitig wie Kent, mit Wessex vereinigt[5]).

Eine Uebersicht über die Verwandschaftsverhältnisse der Könige von Essex zeigt uns dasselbe Bild, wie in Kent und Ostanglien: auch hier vererbt sich anfangs die Krone durch mehrere (5) Glieder hindurch stets von dem Vater auf den Sohn. Dann herrschen zwei Glieder einer übrigens nahe verwandten Seitenlinie, darauf kommt die erste Linie wieder in Besitz des Krone und behauptet sich auch etwa ein halbes

---

[1]) cf. Chron. Saxon. ad ann. 709. Flor. Wig. I, p. 46 u. p. 263. Henr. Hunt. IV, 7. Wilh. Malmesb. I, 98.

[2]) cf. Chron. Saxon. ad ann. 746. Flor. Wig. I, p. 55, p. 263 u. Genealogie, p. 250. Henr. Hunt. IV, 17. Wilh. Malmesb. I, 98. (Zu den beiden letzten Stellen bemerken die Herausgeber Arnold bezw. Hardy, Sebred sei König von Ostanglien gewesen, ohne indessen einen Beleg dafür anzugeben.)

[3]) cf. Flor. Wig. I, p. 57 u. p. 263. Wilh. Malmesb. I, 98.

[4]) Die Notiz Sim. Dunelm. hist. reg. Angl. 34, dass 787 ein König Sunbriht von Essex gestorben sei, lässt sich mit der Angabe des Florentius von Worcester und des Wilhelm v. Malmesbury nur so vereinigen, dass man die letzteren dahin abändert, dass Withred im Jahre 738 (statt „88 Jahre lang") dem Selred in der Regierung gefolgt sei und diesen dann mit Sunbriht identifiziert. Die Differenz von einem Jahre, die dann noch verbleibt, kann bei der überhaupt äusserst unsicheren Chronologie jener Zeit nicht besonders ins Gewicht fallen. (So Hardy zu Wilh. Malmesb. I, 98.

[5]) cf. Chron. Saxon. ad ann. 823. Henr. Hunt. IV, 29. Flor. Wig. I, p. 66. Wilh. Malmesb. I, 15.

Jahrhundert darin. Als ihr letzter Spross, Offa, 709 abdankt, geht zum zweiten Male die Herrschaft an eine Seitenlinie über, aber nur ein Glied derselben trägt sie, dann wird Essex Mercien einverleibt[1]).

Verwickelter liegt die Sache in Wessex. Eine solche Reihe von Königen, wie wir sie in Kent fanden, wo während eines Zeitraumes von 200 Jahren stets der Sohn dem Vater auf dem Thron folgt, fehlt hier in Wessex ganz. Vielmehr haben wir in der ganzen Periode seiner Geschichte, von Cerdics Landung (495) bis zum Tode von Edmund Eisenseite (1016) überhaupt nur 9 Fälle, wo der Sohn der Nachfolger des Vaters in der Regierung wird, und nur drei Mal führen nach einander Vater, Sohn und Enkel das Szepter (Cerdic—534, Cynric—560, Ceaulin—591; dann Egbert 800—836, Aethelwulf —856, Aerhelbald —860, und Alfred 871—901, Eduard I, —924, Aethelstan —940).

Bei den beiden ersten Thronwechseln (534 u. 560) folgte zwar der Sohn dem Vater[2]), dann aber der Neffe dem Oheim, und zwar, wie ausdrücklich gesagt wird, infolge einer Verschwörung (cf. Wilh. Malmesb. I, 17), an deren Spitze wahrscheinlich der Neffe Ceol (oder, wie er bei Flor. Wig., Henr. Hunt. und Wilh. Malmesb. heisst, Ceolric) selbst stand[3]). Ceaulin und seine Enkel wurden vertrieben, und Ceolric führte nunmehr gemeinschaftlich mit seinem Bruder Ceolwulf[4]) die Regierung. Ceolric stirbt zwar vierzehn Jahre früher als sein

---

[1]) Baeda, h. e. III, 30 ist im Irrtum, wenn er Sebbi als „coheres ciusdem regni" bezeichnet, nicht durch Erbschaft, sondern durch einen Gewaltakt kam Sebbi auf den Thron. Es deutet der von Baeda gebrauchte Ausdruck aber klar darauf hin, dass ihm der Nachfolger des verstorbenen Regenten nur der Erbe desselben sein konnte.

[2]) cf. Chron. Saxon. ad ann. 534. Ethelwerd, I. Flor. Wig. I, p. 5. Henr. Hunt. II, 20. Wilh. Malmesb. I, 16. Chron. Saxon. ad ann. 560. Flor. Wig. I, p. 6. Henr. Hunt. II, 22. Wilh. Malmesb. I, 16.

[3]) cf. Chron. Saxon. ad ann. 591. Flor. Wig. I, p. 9. Henr. Hunt. II, 27. Wilh. Malmesb. I, 17.

[4]) cf. Chron. Saxon. ad ann. 597. Flor. Wig. I, p. 10. Henr. Hunt. II, 28. Wilh. Malmesb. I, 18.

Bruder, aber sein Sohn Cynegils[1]) übernimmt nach Ceowulfs Tode die Herrschaft. Hierin liegt nichts aussergewöhnliches: der Sohn des älteren Bruders erhält, nachdem auch der jüngere der beiden gemeinschaftlich regierenden Herrscher gestorben, die Königswürde, die auch nach ihm sein Sohn bekleidet. Dieser, Kenwealh (643—672)[2]) hat keine Kinder, er überträgt daher die Nachfolge seiner Gemahlin Sexburh,[3]) die auch ein Jahr lang äusserst kraftvoll regiert, aber bereits 673 stirbt.[4])

---

[1]) cf. Chron. Saxon. ad ann. 611. Flor. Wig. I, p. 12. Henr. Hunt. II, 29. Wilh. Malmesb. I, 18.

[2]) cf. Baeda h. e. III, 7. Chron. Saxon. ad ann. 643. Flor. Wig. I, p. 19. Henr. Hunt. II, 32. Wilh. Malmesb. I, 19.

[3]) cf. Chron. Saxon. 672. Flor. Wig. I, p. 30. Henr. Hunt. II, 36. Wilh. Malmesb. I, 32.

[4]) Nach Matth. Paris. chron. mai, ad ann. 672 wurde sie vertrieben („indignantibus regni magnatibus expulsa est a regno, nolentibus sub sexu femineo militare"); wenn man dieser Nachricht Glauben schenken will, so liegt der Gedanke nahe, dass sie durch ihre Verwandten, namentlich ihren Nachfolger auf dem Throne, Cenfus, vertrieben wurde. Auffällig ist die Bemerkung, welche Lappenberg (Gesch. v. England I, p. 249) hierzu macht: „Sie unterlag bereits in Jahresfrist den Sorgen und Anstrengungen des männlichen Amtes, welche durch die Ungesetzlichkeit ihrer Ansprüche auf dasselbe nicht wenig vermehrt wurden." Von einer „Ungesetzlichkeit" darf man indessen hier doch wohl nicht reden. Lappenberg sagt selbst (Bd. I, p. 561 f.): „der vom Volke durch die Kür geschaffene König war nur . . . . aus der geringen Zahl des Adels wählbar", wir wissen aber von keinem Gesetz, wonach die weibliche Linie von der Regierung ausgeschlossen war, folglich musste die Königin auch — vorausgesetzt, dass man überhaupt ein Wahlkönigtum annimmt — wählbar sein. Flor. Wig. I, p. 128, erzählt von einer Königin Aegelfleda von Mercien, die 8 Jahre lang allein regierte und dann „unicam filiam Aelfwynnam . . . . haeredem regni reliquit" cf. Chron. Saxon. ad ann. 919, und Baeda erwähnt drei Mal (h. e. III, 11; IV, 21 u. V, 24) eine Königin Osthryd von Mercien (gest. 697). Lappenberg spricht sich überhaupt über die Frage, ob Erbrecht oder Wahl im angelsächsischen Reich geübt sei, nicht ganz klar aus. Einmal sagt er, an der eben angeführten Stelle, der König sei „wählbar" gewesen, und gleich darauf verteidigt er das Erbrecht: „der unmündige Sohn des verstorbenen Herrschers hat so wenig als der verstümmelte oder uneheliche ein Erbrecht auf die Königswürde . . . . Aethelinge waren den Angelsachsen nur die Söhne eines Königs, oder die in deren Ermanglung zur Thronfolge nächstberechtigten Verwandten". Vermuthlich denkt Lappenberg sich die Sache so, dass nur ein Aetheling, d. h. ein naher Angehöriger des vorhergehenden Herrschers, dem Volke gewissermassen zur Acclamation präsentiert werden konnte. (Ebenso spricht Lappenberg, Bd. I, p. 245 von einer „gesetzlichen Thronfolge" in Wessex.)

Mit Sexburhs Tode war also der Thron von Wessex aufs neue frei, und nun machten die Abkömmlinge vom andren Teil des Regentenpaares Ceolric-Ceolwulf ihre Ansprüche auf den Thron geltend und zwar mit Erfolg: ein Urenkel Ceolwulfs, Cenfus, übernahm die Regierung. Doch schon nach zwei Jahren (674) starb er, ihm folgte sein Sohn Aescwine[1]), als dann auch dieser starb (676), ohne Erben zu hinterlassen, ging die Krone wieder an die ältere Linie zurück, der Bruder Kenwealhs, Centwine, bestieg den Thron.[2]) Auffallend ist hier die Angabe des Baeda h. e. IV, 12, dass „subreguli decem circiter annis" die Regierung geführt haben; er erkennt also weder Cenfus und seinen Sohn noch Centwine als vollberechtigt zur Thronfolge an. Mit Centwines Tode (685) tritt zum dritten Male der Fall ein, dass ein König ohne Erben stirbt, ein Ururenkel Ceaulins, Ceadwalla, übernimmt die Regierung.[3]) Auch er hinterlässt keinen Sohn, aber aus Ceaulins Stamme sind noch zwei Abkömmlinge da, ein Neffe Ceadwallas, Ine,[4]) besteigt den Thron, die Ansprüche des anderen Sprösslings, Oswald,[5]) werden von ihm mit den Waffen abgewiesen. Im Jahre 725[6]) entsagt Ine freiwillig der Regierung und geht nach Rom; sein Nachfolger wird Aethelheard.[7])

Ueber ihn und die nächsten Könige von Wessex sind wir, was ihr gegenseitiges Verwandschaftsverhältnis betrifft, nur mangelhaft unterrichtet. Die Namen und Regierungszeiten

---

[1]) cf. Chron. Saxon. ad ann. 674. Flor. Wig. I, p. 31. Henr. Hunt. II, 37. Wilh. Malmesb. I, 33.

[2]) cf. Chron. Saxon. ad ann. 676. Flor. Wig. I, p. 34. Henr. Hunt. II, 38. Wilh. Malmesb. I, 33.

[3]) cf. Baeda, h. e. IV, 15. Chron. Saxon. ad ann. 685. Flor. Wig. I, p. 39. Henr. Hunt. II, 39 und IV, 5. Wilh. Malmesb. I, 34.

[4]) cf. Baeda, h. e. IV, 15. Chron. Saxon. ad ann. 688. Flor. Wig. I, p. 41. Henr. Hunt. IV, 6. Wilh. Malmesb. I, 35.

[5]) cf. Chron. Saxon. ad ann. 728 und 730. Aethelwerd, Chron. II, 18. Flor. Wig. I, p. 51. Henr. Hunt. IV, 11.

[6]) So Baeda, h. e. IV, 15; nach Chron. Saxon. ad ann. 728 und Flor. Wig. I, p. 51 erst 728.

[7]) cf. Chron. Saxon. ad ann. 728. Flor. Wig. I, p. 51. Henr. Hunt. IV, 10. Wilh. Malmesb. I, 38. Sim. Dunelm. hist. reg. Angl. 35.

können wir allerdings feststellen, auch berichten unsere Quellen übereinstimmend, dass Aethelheard, Cuthred[1]), Sigeberht[2]), Cynewulf[3]) und Beorhtric[4]) Verwandte und aus Cerdics Stamme gewesen seien, aber mehr auch nicht. Nur bei Simeon Dunelmensis, hist. reg. Angl. 35 wird Cuthred „frater Aethelhardi" genannt, eine Angabe, die sich aber nicht anderweitig controliren lässt.

Erst mit Egberts Regierungsantritte (800) befinden wir uns wieder auf festerem Boden: Egbert[5]) war der Enkel Eofas, der Sohn Ealhmunds. Wenn er von Wilh. Malmesb. I, 43, als Enkel Beorhtrics bezeichnet wird, so lassen sich beide Angaben vielleicht so vereinigen, dass Ealhmund eine Tochter Beorhtrics heiratete, und aus dieser Ehe dann Egbert entspross. Möglicherweise ist das Wort „avitum" in der angeführten Stelle von Wilh. Malmesb. auch nur in der Bedeutung von „Ahnen" zu nehmen. Wie dem aber auch sein möge, beachtenswert ist immerhin der Hinweis darauf, dass Egbert dem alten Königsgeschlecht entsprossen sei.

Auf Egbert folgen sodann sein Sohn Aethelwulf (836—856)[6]) und sein Enkel Aethelbald (— 860)[7]), nach diesem, der kinderlos ist, regiert dessen jüngerer Bruder Aethelberht,[8]) (—866) und diesem, der ebenfalls keine Erben

---

[1]) cf. Chron. Saxon. ad ann. 741. Flor. Wig. I, p. 54. Henr. Hunt. IV, 17. Wilh. Malmesb. I, 38. Sim. Dunelm. hist. reg. Augl. 35.

[2]) cf. Chron. Saxon. ad ann. 755. Flor. Wig. I, p. 56. Henr. Hunt. IV, 20. Wilh. Malmesb. I, 41. Sim. Dunelm. hist. reg. Angl. 42.

[3]) cf. Chron. Saxon. ad ann. 755. Flor. Wig. I, p. 56. Henr. Hunt. IV, 20. Wilh. Malmesb. I, 42.

[4]) cf. Chron. Saxon. ad ann. 784. Flor. Wig. I, p. 62. Henr. Hunt. IV, 25 und 27. Wilh. Malmesb. I, 43. Sim. Dunelm. hist. reg. Angl. 53.

[5]) cf. Chron. Saxon. ad ann. 784 und 800. Flor. Wig. I, p. 64. Henr. Hunt. IV, 28. Wilh. Malmesb. I, 43. Sim. Dunelm. hist. reg. Angl. 64 und 65.

[6]) cf. Chron. Saxon. ad ann. 836. Flor. Wig. I, p. 69. Henr. Hunt. IV, 30. Wilh. Malmesb. II, 108. Sim. Dunelm. hist. reg. Angl. 65.

[7]) cf. Chron. Saxon. ad ann. 855. Flor. Wig. I, p. 77. Henr. Hunt. V, 4. Wilh. Malmesb. II, 117. Sim. Dunelm. hist. reg. Angl. 68.

[8]) cf. Chron. Saxon. ad ann. 860. Flor. Wig. I, p. 79. Henr. Hunt. V, 4. Wilh. Malmesb. II. 117. Sim. Dunelm. hist. reg. Angl. 68.

hinterlässt, folgt der nächste Sohn Aethelwulfs, Aethelred[1]). Er hinterlässt zwei Söhne, Aethelm[2]) und Aethelwald[3]), aber trotzdem kommt keiner derselben zur Regierung, sondern der jüngste Sohn Aethelwulfs, Afred[4]), lenkt von nun an die Geschicke des angelsächsischen Staates.

So auffällig es im ersten Augenblick erscheinen mag, dass nicht Aethelreds Söhne die Regierung antraten, so erklärt sich diese Thatsache doch bald, wenn wir berücksichtigen, dass Alfred bereits zu Lebzeiten seines Bruders eifrigen Anteil an der Regierung genommen hatte und wohl geradezu offizieller Mitregent gewesen war. Es scheint mir dies daraus hervorzugehen, dass in der Angelsächsischen Chronik bei jeder Gelegenheit, wo von einer That Aethelreds die Rede ist, stets Alfreds Name mitgenannt wird, und zwar in der stehenden Formel: „König Aethelred und Alfred sein Bruder."[5]) Auch nennt Asser ihn wiederholt: „secundarius"[6]). Auch kann man aus den Worten Assers „totius regni gubernacula ... suscepit" vielleicht schliessen, dass Alfred schon vorher einen Teil des Reiches regiert habe. Man ist also keineswegs genötigt, Alfred als Usurpator anzusehen, wie Freeman (hist. of the Norm. Conqu. I² p. 106) behauptet.[7]) Wenn Asser (p. 477 C)

---

[1]) cf. Chron. Saxon. ad ann. 866. Flor. Wig. I, p. 79. Henr. Hunt. V, 5. Wilh. Malmesb. II, 118. Sim. Dunelm. hist. reg. Angl. 69, Aethelwerd IV, 2.

[2]) cf. Chron. Saxon. ad ann. 886, 894 u. 898. Asser, de gestis Alfredi p. 491 B. Aethelwerd, Chron. IV, 3. Flor. Wig. I, p. 103.

[3]) cf. unten.

[4]) cf. Chron. Saxon. ad ann. 871. Flor. Wig. I, p. 85. Henr. Hunt. V, 6. Wilh. Malmesb. II, 121. Asser, de gestis Alfredi, p. 477 C. Aethelwerd, Chron. IV, 3.

[5]) cf. Chron. Saxon. ad ann. 868, 870, 871 (zum letzteren Jahre vier Mal!)

[6]) cf. Asser, de gest. Alfredi, p. 475 A, p. 477. Pauli, Aelfred, p. 105 ff.

[7]) cf. Freeman, hist. of the Norm. Conqu. I², p. 106: „If Harold, Stephen, John were usurpers, Alfred and Eadward the Confessor were usurpers just as much. Alfred and Eadward, no less then John, succeeded by the election to the exclusion of nephews whom the modern law of England would look upon as the undoubted heirs of the crown."

sagt: „cumque regnare prope quasi invitus uno mense completo coeperat," so dürfen wir nicht dabei ausser Acht lassen, dass Assers Werk noch zu Lebzeiten Alfreds verfasst und letzterem sogar direkt gewidmet ist, und dass wir demgemäss nicht jeden Ausdruck Assers als vollgiltige bare Münze hinnehmen dürfen. So erklärt es sich auch, dass Asser Alfreds Neffen garnicht erwähnt. Auch widerspricht Asser sich mit der Wendung „uno mense completo" selbst, denn nur wenige Zeilen vorher hat er gesagt: „totius regni gubernacula . . . . confestim fratre defuncto suscepit." Ebenso erweist sich der Ausdruck „cum summa omnium accolarum voluntate," den Asser an derselben Stelle gebraucht, als eine rhetorische Uebertreibung, denn wir hören, dass unmittelbar nach Alfreds Tode (26. Octb. 901) einer seiner Neffen, Aethelwald, einen Versuch machte, sich der Herrschaft zu bemächtigen.[1]) So lange Alfred lebte, hatte Aethelwald ein solches Unternehmen wohl wegen der Beliebtheit seines Oheims für aussichtslos gehalten, sobald aber dieser gestorben war, suchte Aethelwald seine Ansprüche mit den Waffen in der Hand durchzusetzen. Es gelang ihm auch, einige Städte in seine Gewalt zu bringen, doch musste er vor den Truppen Eduards, des Sohnes und Nachfolgers Alfreds, fliehen. Er wandte sich nach Northumbrien, wo die Einwohner zu ihm abfielen, doch dauerte sein Regiment dort nicht lange, bereits im Jahre 905 fand er in einer Schlacht gegen Eduards Truppen seinen Tod.[2])

Nach Alfred regiert zunächst, wie bereits erwähnt, sein Sohn Eduard[3]) (—924), und darauf sein Enkel Aethelstan[4]) (—940). Da dieser keine Kinder hinterlässt, so folgt ihm sein

---

[1]) cf. Chron. Saxon. ad ann. 901. Flor. Wig. I, p. 119. Henr. Hunt. V, 14. Wilh. Malmesb. II, 125.

[2]) cf. Chron. Saxon. ad ann. 905. Flor. Wig. I, p. 119. Henr. Hunt. V, 14. Wilh. Malmesb. II, 125.

[3]) cf. Chron. Saxon. ad ann. 901. Flor. Wig. I, p. 117. Henr. Hunt. V, 14. Wilh. Malmesb. II, 125. Sim. Dunelm. hist. reg. Angl. 82 (giebt irrthümlich 899 als Todesjahr Alfreds an).

[4]) cf. Chron. Saxon. ad ann. 925. Flor. Wig. I, p. 130. Henr. Hunt. V, 18. Wilh. Malmesb. II, 130. Sim. Dunelm. hist. reg. Angl. 83.

Bruder Edmund[1] (—946). Derselbe hat zwar zwei Söhne, Eadwi und Eadgar, aber doch folgt ihm sein Bruder Eadred.[2] Dies erklärt sich leicht daraus, dass Edmunds Söhne sich bei dem Tode ihres Vaters beide noch im zartesten Kindesalter befunden haben.[3] Ungenau ist es aber, wenn Florentius v. Worcester den Eadred als „proximus haeres" (I, p. 134) bezeichnet. Er war der nächstberechtigte zur vorläufigen Führung der Regentschaft, nicht aber der nächste Erbe der Krone.

Nach Eadreds Tode (955) geht die Herrschaft zunächst an Eadwi über, der aber nach nur vierjähriger Regierung stirbt,[4] worauf sein Bruder Eadgar den Thron besteigt (959)[5]. Ihm folgt sein Sohn Eduard II. (975).[6] Wenn Florentius v. Worcester I, p. 145 berichtet, „de regi eligenda magna inter regni primores oborta est dissensio," so hat er hier seine Quelle missverstanden. Er sagt nämlich selbst unmittelbar darauf, Eadgar habe noch ausdrücklich Eduard zu seinem Nachfolger bestimmt. Die Notiz des Florentius bezieht sich vielmehr darauf, dass, wie wir wissen, (cf. Wilh. Malmesb. II, 161), am Hofe Eduards zwei Parteien waren, an der Spitze der einen stand der Erzbischof Dunstan, das Haupt der anderen war Eadgars Witwe, Elfrida, die Stief-

---

[1] cf. Chron. Saxon. ad ann. 940. Flor. Wig. I, p. 133. Henr. Hunt. V, 20. Wilh. Malmesb. II, 141. Sim. Dunelm. hist. reg. Angl. 84 (giebt 939 an).

[2] cf. Chron. Saxon. ad ann. 946. Henr. Hunt. V, 22. Flor. Wig. I, p. 134. Wilh. Malmesb. II, 146. Sim. Dunelm. hist. reg. Angl. 85. (setzt Edmunds Tod 948).

[3] cf. Chron. Saxon. ad ann. 940, wo berichtet wird, Edmund sei bei seiner Thronbesteigung achtzehn Jahre alt gewesen. Somit war er also 922 geboren; nehmen wir nun selbst an, er habe bereits mit zwanzig Jahren einen Sohn gehabt, so konnte dieser doch bei Edmunds Tode erst vier Jahre zählen. Sein zweiter Sohn, Eadgar, war 943 geboren. Das letztere ergiebt sich auch aus Chron. Saxon. ad ann. 943, verglichen mit Flor. Wig. I, p. 133.

[4] cf. Chron. Saxon. ad ann. 955. Flor. Wig. I, p. 136. Henr. Hunt. V, 23. Wilh. Malmesb. II, 147. Sim. Dunelm. hist. reg. Angl. 85.

[5] cf. Chron. Saxon. ad ann. 958. Flor. Wig. I, p. 138. Henr. Hunt. V, 24. Wilh. Malmesb. II, 148. Sim. Dunelm. hist. reg. Angl. 85, hist. eccles. Dunelm. II, 20.

[6] cf. Chron. Saxon. ad ann. 975. Flor. Wig. I, p. 144. Henr. Hunt. V, 27. Wilh. Malmesb. II, 161. Sim. Dunelm. hist. reg. Angl. 85.

mutter Eduards. Letztere arbeitete mit allen Kräften dahin, ihrem eigenen Sohn Aethelred, die Herrschaft zuzuwenden, in der Absicht nämlich, da dieser erst sieben Jahre zählte, selbst den Haupteinfluss auf die Regierung zu gewinnen, und sie ruhte auch nicht, bis sie dies Ziel dadurch, dass sie ihren Stiefsohn auf der Jagd ermorden liess, erreicht hatte (978).[1]) Als Aethelred dann starb (1016), folgte ihm sein Sohn Edmund Eisenseite, der aber nach siebenmonatiger Regierung ebenfalls starb.[2])

Nach seinem Tode ging die Herrschaft über an Knut und zwar nach Florentius von Worcester I, p. 173: episcopi abbates et quique nobiliores Angliae .... pari consensu in dominum et regem sibi Canutum elegere.[3]) Beachtenswert ist aber die Bemerkung von Wilhelm v. Malmesbury (II, 180): iniuste quidem regnum ingressus. Als durch Knuts Tod (1035) sich die Frage der Neubesetzung der Königswürde erhebt, sind die Dänen selbstverständlich für Knuts Sohn Harold[4]), ebenso erklärt sich die Hauptstadt London für denselben, die übrigen Bewohner aber hegen keineswegs grosse Sympathien für ihn, sie wünschen vielmehr einen Sohn Aethelreds oder wenigstens Harthaknut, den Sohn Knuts und der Emma, der Witwe Aethelreds, auf dem Thron zu sehen. Aber der dänische Einfluss ist zu stark: Harthaknut unterliegt, erst nach dem Tode Harolds besteigt er den Thron[5]) (1040). Als aber auch er gestorben (1042) greift man zurück auf den alten angelsächsischen Königsstamm. Eduard, der Sohn Aethelreds und der Emma, tritt die Regierung an.[6]) Nicht ausser Acht zu

---

[1]) cf. Chron. Saxon. ad ann. 978. Flor. Wig. I, p. 145. Henr. Hunt. V, 28. Wilh. Malmesb. II, 164. Sim. Dunelm. hist. reg. Angl. 85.
[2]) cf. Chron. Saxon. ad ann. 1016. Flor. Wig. 1, p. 173. Henr. Hunt. VI, 12. Wilh. Malmesb. II, 180.
[3]) cf. Chron. Saxon. ad ann. 1017. Wilh. Malmesb. II, 180. (Henr. Hunt. VI, 10 erwähnt nur eine Wahl Knuts durch die Dänen). Palgrave, commonwealth, I, p. 561 f. u. II, p. C C L V.
[4]) cf. Chron. Saxon. ad ann. 1035. Flor. Wig. I, p. 190. Henr. Hunt. VI, 18. Wilh. Malmesb. II, 188.
[5]) cf. Chron. Saxon. ad ann. 1040. Flor. Wig. I, p. 193. Henr. Hunt. VI, 19. Wilh. Malmesb. II, 188.
[6]) cf. Chron. Saxon. ad ann. 1042. Flor. Wig. I, p. 193 f. Henr. Hunt. VI, 20. Wilh. Malmesb II, 96.

lassen ist hierbei die Notiz der Angelsächsischen Chronik zum Jahre 1042: „eallswa him wel gecynde waes, wie es sein natürliches Recht war." Sein Nachfolger wird (1066) Harold,[1]) der Sohn des Grafen Godwine, aber nur kurze Zeit ist ihm die Herrschaft beschieden, das Glück der Waffen entscheidet bei Senlac gegen ihn (14. Oct. 1066); Wilhelm von der Normandie gewinnt mit dieser Schlacht auch die englische Krone.

Wenden wir uns nunmehr zu der Frage: mit welchen Worten berichten uns unsere Quellen von diesen verschiedenen Thronwechseln? so zeigt sich uns dabei eine ziemliche Mannigfaltigkeit der Ausdrücke, wenn auch manche Wendungen sich sehr häufig wiederholen. In der Angelsächsischen Chronik heisst es fast regelmässig: „þeng to rice, er kam zur Regierung", oder gelegentlich auch „þexode after his þaedes, er regierte nach seinem Vater".

Diese Ausdrücke sind aber ebenso wie die in den lateinisch geschriebenen Quellen (Baeda, Flor. Wigorn., Henr. Hunt., Wilh. Malmesb., Sim. Dunelm.) vorkommenden Wendungen „succedere, regnare post aliquem, regni gubernacula suscipere" oder auch (mit Bezug auf den verstorbenen Regenten („regni gubernacula (oder sedem) relinquere" u. a. so allgemein gehalten, dass wir aus ihnen über die Art und Weise der Thronerwerbung durch die betr. Könige auch nicht den geringsten Anhalt gewinnen können.

Aus anderen bestimmteren Ausdrücken ergiebt sich zunächst zweierlei: einmal die sichere Thatsache, dass Königswahlen stattgefunden haben, zweitens das nicht minder sichere Factum, dass man das Erbrecht nicht allein kannte, sondern dass es auch thatsächlich in Uebung und Giltigkeit war.

Dass Wahlen erfolgt sind, wird uns klar und deutlich in unseren Quellen gesagt, und ebendaher erfahren wir auch, dass es das Witenagemot war, welches die Wahlen vornahm. Entweder wird nämlich dies direkt als wählend angeführt (so z. B. Chron. Saxon. ad ann. 1016: „ealle þa witan þe en Lundene

---

[1]) cf. Chron. Saxon. ad ann. 1066. Flor. Wig. I, p. 224. Henr. Hunt. VI, 27. Wilh. Malmesb. II, 228.

waeron seo burhwaru gecuron Eadmund to cynge, alle die Witan, welche in London waren . . . . erwählten Edmund zum König") oder die Personen, aus denen sich das Witenagemot zusammensetzte, erscheinen als Wähler. (So z. B. Flor. Wig. I, p. 173: „episcopi, abbates, duces et quique nobiliores Angliae . . . in dominum et regem sibi Canutum elegere").[1]

Andererseits haben wir noch eine grössere Zahl von Quellenangaben, welche ganz unverkennbar auf Erbrecht in der Thronfolge hindeuten. Der Ausdruck „filios haeredes regni facere oder relinquere" ist keineswegs selten (12 Mal),[2] ebenso wird mehrfach (3 Mal) das Reich als „regnum haereditarium"[3]) und (1 Mal) als „regnum naturale"[4]) bezeichnet. Ferner hören wir von direkten Uebertragungen des Reichs durch den sterbenden König (5 Mal)[5]), die doch nur erfolgen konnten, wenn diesem allein ein Verfügungsrecht darüber zustand; und Aethelwulf von Wessex setzt ein förmliches Testament auf, welches auch Bestimmungen über die Reichsteilung enthält (cf. Flor. Wig. I, p. 77). Offa wird von Henr. Hunt. IV, 7 als „rex . . . futurus" bezeichnet, und andererseits wird Knut, trotzdem er nach Flor. Wig. I, p. 173 zum König gewählt ist, von Wilh. Malmesb. II, 181 doch bezeichnet als: iniuste quidem regnum ingressus." Aus demselben Gefühl für das „iustum" sind auch entsprungen die Ausdrücke „proximus haeres[6]), iustus haeres[7]), legitimus rex[8]), successio legitima[9]), regali prosapiae proximus[10]), dominus legitimus"[11]). Uebrigens wird an mehreren Stellen auch direkt

---

[1]) Gneist, engl. Verfassungsgesch. p. 32 Anm., erklärt den Ausdruck „gecoran to cynge" als Formel, die zwar beibehalten, aber bedeutungslos geworden sei.
[2]) Baeda, h. e. IV, 5 und V, 23. Flor. Wig. I, p. 51. Henr. Hunt. IV, 30 u. a.
[3]) Henr. Hunt. V, 4. Wilh. Malmesb. II, 228.
[4]) Flor. Wig. I, p. 134.
[5]) Wilh. Malmesb. I, 16 und 32. Flor. Wig. I, p. 18. Henr. Hunt. IV, 10.
[6]) Flor. Wig. I, p. 134.
[7]) Flor. Wig. I, p. 190.
[8]) Baeda h. e. IV, 26.
[9]) Wilh. Malmesb. I, 33.
[10]) Wilh. Malmesb. I, 33.
[11]) Wilh. Malmesb. II, 180.

ein „ius haereditarium" erwähnt[1]) und Chron. Saxon. ad ann. 1042 heisst es von Eduard dem Bekenner „eallswa him wel gecynde waes, und alles Volk nahm Eduard als König an, wie es sein natürliches Recht war."

So sehen wir, ist der Gedanke des Erbrechtes in der Thronfolge in den Quellen nicht allein mehrfach klar und deutlich ausgesprochen, sondern es wird auch ausdrücklich betont, dass die Erbfolge das natürliche sei.

Zudem bestätigen dies auch die Thatsachen selbst: in Kent, Essex und Ostanglien haben wir eine längere Königsreihe, in der stets der Sohn dem Vater folgt, in Wessex haben wir wenigstens eine Anzahl derselben Fälle; wir sehen ferner, dass, wo nicht der Sohn der Nachfolger des Vaters wird, fast regelmässig besondere Umstände vorliegen, indem entweder der König überhaupt keinen Sohn hinterlässt, oder, wenn ein solcher vorhanden, er doch nicht regierungsfähig ist. In diesen Fällen ergreift dann aber — abgesehen von rein revolutionären Vorgängen — regelmässig der nächste Anverwandte des verstorbenen Herrschers die Zügel der Regierung.

Kurz gesagt: das angelsächsische Reich war kein Wahlkönigreich, sondern ein Erbkönigreich.[2])

Dem widersprechen auch keineswegs die einzelnen Fälle, in denen wirkliche Königswahlen stattgefunden haben: es waren Ausnahmefälle.

Was nach angelsächsischer Vorstellung einer Person den Charakter des Königs verlieh, das war die Abstammung von dem alten Herrschergeschlecht. Wo aber diese fehlte, wie bei Knut, da sollte die Wahl, gewissermassen der Ausdruck des Willens der Nation, als Aequivalent eintreten, um die Gesetzmässigkeit der Thronbesteigung zu begründen.

Häufig genug mag übrigens die Wahl auch nur eine blosse Form gewesen sein; so heisst es z. B. von Eduard, dem Sohne Edgars: „archipraesules Dunstanus et Oswaldus cum coepiscopis, abbatibus, ducibusque quam plurimis in unum

---

[1]) Henr. Hunt. V, 31.
[2]) cf. Palgrave, English commonwealth I. p. 558.

convenerunt et Eadwardum, ut pater suus praeceperat, elegerunt (Flor. Wig. I, p. 145) oder von Harold: Haroldus .... quem rex ante suam decessionem regni successorem elegerat, a totius Angliae primatibus ad regale culmen electus est (Flor. Wig. I, p. 224.)

Oder aber es war mehr ein Huldigungsakt, als eine eigentliche Wahlhandlung. Der neue König erschien im Witenagemot und wurde hier von den Mitgliedern der Versammlung und dem Volke, das sich als „Umstand" eingefunden hatte, mit lautem Zuruf als König begrüsst, und dieser Vorgang war es, der den Chronisten zu dem Ausdruck eligere, levare und ähnl. Veranlassung gab.

Wie dieser Vorgang aber auch zu denken sein mag, es wird dadurch nichts an der Thatsache geändert, dass im angelsächsischen Reich das Erbfolgerecht galt.

Die in unseren Quellen vorkommenden Ausdrücke und ihre Verteilung auf die einzelnen Schriftsteller ergeben sich aus folgender Zusammenstellung:

	unbest. Ausdruck	Ausdruck der Wahl	Ausdruck des Erbrechtes	Gesamt-Zahl
Baeda	11	—	5	16
Chron. Saxon.	44	4	1	49
Asser	—	1	1	2
Aethelwerd	5	—	—	5
Flor. Wig.	43	12	18	73
Henr. Hunt.	40	9	9	58
Sim. Dunelm.	15	2	5	22
Wilh. Malmesb.	36	5	19	60
Zusammen:	194	33	58	285
		91		
	285			

Anmerkung: Unter „unbestimmten Ausdrücken" sind in obiger Tabelle zusammengefasst Wendungen wie: regnum cepit (obtinuit), regnare coepit, successit, regni gubernacula suscepit, successorem habuit u. ähnl.

Als ein „Corollarium" zu dem Recht der Königswahl bezeichnet Stubbs (const. hist. of Engl. I, ⁴ p. 153) die Machtbefugnis des Witenagemots, den König, wenn seine Regierung nicht gedeihlich für das Volk war, seiner Würde zu entsetzen. Es ist bereits oben darauf hingewiesen worden, wie dies Recht von noch weit grösserer Bedeutung ist, als das der Königswahl, und eben darum scheint es mir auch bedenklich, dasselbe einfach als eine Art „Anhängsel", oder auch als eine Folge des Rechtes der Königswahl anzusehen. Noch schroffer als von Stubbs, der a. a. O. seine Bemerkung vorsichtig mit einem „es scheint" anführt,[1]) ist übrigens das Absetzungsrecht des Witenagemots hingestellt worden von Kemble (Sachsen in England, II, p. 187 ff.) und Freeman (hist. of the Norm. conqu. of England, I², p. 104 ff. und Appendix Q. u. R. p. 591 bezw. 593), ebenso vertritt Lappenberg (Gesch. v. England, Bd. I, p. 265) diese Ansicht.

Kemble und Freeman nehmen speziell in der Frage der Absetzung des Königs eine so extreme Stellung ein, dass hier doch etwas näher darauf eingegangen werden muss. Der Satz, auf den die ganze Untersuchung hinausläuft, gilt ihnen von vornherein als bewiesen: „Das angelsächsische Witenagemot ist im Keime das englische Parlament."[2]) — Von ihm gehen sie aus, auf ihm bauen sie ihre ganzen Deductionen auf, und die Resultate entsprechen (besonders bei Freeman) vollkommen dem Fundament: jene sind ebenso schief, wie dieses schwankend ist.

Und doch, welch durchgreifende Unterschiede zwischen beiden Versammlungen: auf der einen Seite eine Körperschaft, bestehend aus einer Anzahl gewählter Vertreter, mit der feststehenden Befugnis jeden bedeutenden Akt der Regierung, wie Erlass von Gesetzen, Festsetzung von Steuern, u. dgl., zu beraten, und entweder zu billigen oder zu verwerfen, kurz, ein staatliches Institut, an dessen Mitwirkung der König unbedingt

---

[1]) p. 155 spricht er aber von der Entthronung Sigeberths und Alchreds als von „zwei gesetzmässigen, in aller Form erfolgten Akten."

[2]) cf. Freeman, hist. of the Norm. Conqu. I², p. 104, 111, 112 u. ö. Kemble, Sachsen in England II, p. 121, 165, 181 u. ö.

gebunden ist; auf der andern Seite eine Versammlung, in der lediglich Inhaber hoher Ehrenstellen sitzen, ohne dass sie als Vertreter gewählt sind, und ohne mehr als eine beratende Stimme zu haben. Der König ist nicht an ihre Mitwirkung gebunden, und wenn er zu ihnen spricht, so geschieht das nicht in der Form des Antrags, sondern in der des Befehls.[1] Auch finden wir keinerlei Andeutung, dass der König verpflichtet gewesen sei, in gewissen Zeiträumen das Witenagemot zu berufen.

Es ist also völlig unerfindlich, wie man das Witenagemot der angelsächsischen Zeit mit dem späteren englischen Parlament vergleichen und in Verbindung bringen kann, und noch schwerer begreiflich ist es, wenn man, wie Freeman dies thut,[2] durch Beziehung auf Richards II. und Jakobs II. Thronentsagung dem Witenagemot das Absetzungsrecht vindizieren will. 1399 erklärt zwar das Parlament den König für abgesetzt, aber erst nachdem er (allerdings gezwungen) abgedankt hat. 1688 vollends wird Jakob II. überhaupt nicht abgesetzt, sondern das Parlament erklärt, dass der König, da er die Grundgesetze verletzt und das Königtum verlassen, abgedankt habe, und somit der Thron erledigt sei. Diese Fälle beweisen also nichts und lassen auch absolut keinen Vergleich mit den Verhältnissen vor der normannischen Eroberung zu.

Aus angelsächsischer Zeit führt Freeman drei Beispiele an, die seiner Ansicht nach klar und deutlich beweisen, dass „der König seines Amtes durch das Urteil des Parlamentes beraubt wurde," und zwar: Sigeberth 755, Aethelred 1013 und Harthaknut 1037.[3] Kemble sagt selbst (l. c.), dass es nur ein einziges deutliches Beispiel einer solchen Absetzung in der angelsächsischen Geschichte gebe (Sigeberth), zwei andere Fälle (Trennung Mercias von Eadwigs Königreich und die Absetzung Alchreds von Northumbrien) sieht er zwar als

---

[1] cf. Palgrave, commonwealth I, p. 637 f.
[2] cf. hist. of the Norm. Conqu. I², p. 105.
[3] Einen weiteren Fall, die Vertreibung Alchreds von Northumbrien (774), behandelt Freeman noch im Appendix R. Bd. I², p. 593 f.

ähnlich, aber doch nicht vollkommen parallel an. Stubbs sieht die Entthronung Sigeberhts und Alchreds als „zwei gesetzmässige, in aller Form erfolgte Akte an" (l. c. p. 155).

Hören wir indessen, was unsre Gewährsmänner selbst über die einzelnen Fälle berichten und zwar zunächst über die Absetzung König Sigeberths, die, wie wir gesehen haben, von allen vier oben genannten Gelehrten als feststehende Thatsache angesehen wird. Unsere beste und zuverlässigste Quelle, die angelsächsische Chronik, berichtet einfach zum Jahre 772: „In diesem Jahre beraubten Cynewulf und die Witan von Westsachsen den Sigeberth, seinen Verwandten, des Königsreichs wegen seiner ungerechten Thaten, mit Ausnahme von Hampshire, welches er behielt, bis er den Ealdorman, der am längsten bei ihm geblieben war, erschlug." In einer anderen Handschrift derselben Chronik (F., Domitian A. VIII, 2) fehlen, wie hier gleich bemerkt sein mag, die Worte „und die Witan von Westsachsen."

Aethelwerd, II, c. 17 erzählt unter demselben Jahre: „nachdem seit dem Regierungsantritt des Sigeberth ein Jahr verstrichen war, kam Cynewulf in sein Reich und entriss es ihm, und er gewann die sapientes aller westlichen Bezirke für sich, dem Anschein nach wegen ungerechter Handlungen des Königs." Auch hier ist also von einer direkten Mitwirkung der Versammlung der Witan keine Rede.

Ein dritter Bericht, der des Florentius von Worcester (Bd. I, p. 57 ed. Thorpe), lautet: „Cynewulf, ein Abkömmling vom Stamme des Cerdic, beraubte mit Hilfe der Grossen (primates) von Westsachsen deren König Sigeberht seines Reiches und regierte selbst an dessen Stelle, wegen seiner mannigfachen Ungerechtigkeiten. Nur eine Provinz, Hantunscire, überliess er jenem, die derselbe auch so lange behielt, bis er den Herzog Cumbra, der länger als alle anderen zu ihm gehalten hatte, ungerechter Weise tötete."

Hier ist allerdings ja eine unmittelbare Beteiligung der Grossen an der Entthronung des Königs bezeugt (auxilium sibi ferentibus West-Saxonicis primatibus regem illorum Sigeberhtum regno exterminavit). Wir werden uns nachher darüber klar zu werden haben, welcher Art diese Beteiligung war.

Heinrich von Huntingdon (den Roger v. Hoveden und Matthaeus Parisiensis ad ann. 756 fast Wort für Wort ausschreiben), erzählt in seiner Historia Anglorum IV, 20 den Hergang folgendermassen:[1]) Sigeberht, der Verwandte des vorhin genannten Königs, folgte demselben in der Regierung; aber er behielt dieselbe nur kurze Zeit. Die grossen Erfolge seines Vorgängers auf dem Throne hatten ihn nämlich sehr stolz und übermütig gemacht, sodass er selbst seinem eigenen Volke unleidlich wurde. Da er seine Unterthanen auf alle Weise schlecht behandelte und die Gesetze entweder zu seinen Gunsten verdrehte oder sie auch gänzlich ausser Acht liess, so trug der Herzog Cumbra auf Bitten des gesamten Volkes dem grausamen Könige dessen Beschwerden vor. Ihn liess der König, weil er ihn zu überreden gesucht hatte, das Volk milder zu regieren und menschlich zu werden, sowie sich Gott und Menschen gegenüber der Liebe zugänglich zu zeigen, bald

---

[1]) Freeman (hist. of the Norm. Conqu. I², appendix Q, p. 591, bemerkt hierzu: „Heinrich folgt hier offenbar einem älteren Schriftsteller." Meiner Ansicht nach benutzte er hier zwei Quellen neben einander, eine kurze, in Chronikstil abgefasste, und eine mit breiter angelegter Darstellung. Aus ersterer sind entnommen die Worte: Sigeberthus regis praedicti cognatus successit ei sed brevi tempore regnum tenuit. Der folgende Passus ist der zweiten entlehnt: Namque ex praecessoris sui eventibus tumefactus et insolens etiam suis intolerabilis fuit. Cum autem omnibus modis male tractaret eos legesque vel ad commodum suum depravaret vel pro commodo suo devitaret Cumbra consul eius nobilissimus, prece totius populi querimonias eorum regi fero intimavit. Quem quia regem suaserat ut lenius populum regeret et inhumanitate deposita Deo et hominibus amabilis appareret, mox impia nece iussit interfici, populoque saevior et intolerabilior tyrannidem augmentavit. Zwischen diesem Satze und dem nächsten fehlt es an jedem stilistischen Zusammenhange, zudem zeigt sich in letzterem wieder ganz und gar der Chronikstil: Sigebertus rex in principio secundi anni regni sui, cum incorrigibilis superbiae et nequitiae esset, congregati sunt proceres et populus totius regni, et provida deliberatione et unanimi consensu omnium expulsus est a regno. Kinewulf vero iuvenis egregius de regia stirpe oriundus electus est in regem.

darauf ruchloser Weise töten, gegen sein Volk aber war er noch grausamer und unerträglicher, und trieb so seine Tyrannei nur noch weiter.

Im Beginn des zweiten Jahres von Sigeberhts Regierung versammelten sich die Grossen (proceres) und das Volk des ganzen Königreiches, und da er in seinem Uebermut und seiner Ungerechtigkeit unverbesserlich blieb, wurde er nach reiflicher Ueberlegung und unter einstimmiger Zustimmung aller vom Throne gestossen und vertrieben. Cynewulf, ein junger trefflicher Mann aus königlichem Geblüt, wurde zum König gewählt."

Hier ist nun in der That von einer Absetzung des Königs durch eine Versammlung die Rede, und diese Stelle würde auch von entscheidender Bedeutung für unsere Frage sein, wenn sie in einer gleichzeitigen oder doch zeitlich nahestehenden Quelle überliefert wäre, und wenn nicht eine andere glaubwürdige Notiz uns bewiese, dass die Angabe Heinrichs von Huntingdon doch nicht ganz wörtlich zu nehmen, vielmehr cum grano salis zu verstehen ist.

Wilhelm von Malmesbury bietet uns nämlich (de gestis regum Anglorum I, 41) folgende Notiz: „Es bemächtigte sich der Herrschaft Sigeberht, ein Mann, der bei seinen Unterthanen wegen seiner Grausamkeit, bei anderen Völkern wegen seiner Feigheit verrufen war, und deshalb auch den allgemeinen Hass auf sich gezogen hatte. So wurde er nach Verlauf eines Jahres des Thrones beraubt, um einem Besseren Platz zu machen; indessen, wie es bei solcher Gelegenheit zu geschehen pflegt, hatte er durch die Grösse seines Unglücks einige auf seine Seite gezogen und erhielt durch sie die Provinz Hantunscire im Gehorsam."

Die Thatsache der Entthronung Sigeberhts an sich wird auch durch diese Angabe bestätigt, das Wertvolle dieser Notiz aber ist, dass sie uns über die näheren Umstände der Entthronung aufklärt und so zugleich ein Mittel giebt, die anderen Angaben zu kontrolieren und zu prüfen. Aus einer Vergleichung der uns vorliegenden Berichte ergiebt sich für die Beurteilung der Angaben Heinrichs von Huntingdon, dass er, wenn gleich seine Mitteilungen im allgemeinen richtig sind, doch in so fern nicht ganz genau ist, als er die Entthronung Sigeberhts „provida deliberatione et unanimi consensu omnium" geschehen lässt. Das letztere ist, wie uns Wilhelm von Malmesbury mitteilt, keineswegs der Fall gewesen, vielmehr waren von Sigeberht aliqui ad gratiam sui revocati, d. h. auf seiner Seite, und mit ihrer Hilfe hielt er sich in Hampshire. Von den anderen Autoren wissen die Angelsächsische Chronik und Florentius v. Worcester I, p. 57 wenigstens noch von einem Ealdorman, der getreulich zu Sigeberth gehalten habe, bis er von letzterem zum Lohn für seine Treue erschlagen sei. „Unanimis" war der concensus also nicht, vielmehr scheint dieser Ausdruck lediglich dem Bestreben Heinrichs entsprungen zu sein, die Entthronung Sigeberhts möglichst als allgemein mit Freuden begrüsst und demnach gerechtfertigt darzustellen. Auch das „provida deliberatione" verdankt diesem Bestreben des Autors seinen Ursprung, und obendrein findet es sich bei Heinrich von Huntingdon, der etwa 400 Jahre nach diesem Ereignisse schrieb, einzig und allein; weder der mit Heinrich ungefähr gleichzeitige Florentius v. Worcester, noch unsere beste Quelle, die angelsächsische Chronik, weiss etwas davon. Die „gesetzmässige Handlungsweise der Nation" ist also keineswegs so deutlich überliefert, wie es Freeman, Kemble und auch Stubbs und Lappenberg annehmen. Freeman geht (cf. Hist. of the Norm. Conqu. I, 2, Appendix R, p. 594) überdies noch soweit, dass er behauptet, „die Zustimmung der Grossen ergiebt sich auch aus allen anderen Berichten" (ausser Heinrich v. Huntingdon). Dies letztere heisst indessen doch die Frage verdrehen. Nicht darauf kommt es an, ob die Grossen, die „Witan", mit der Entthronung des Königs einverstanden waren, sondern der Nachdruck liegt darauf: „waren die Witan zu diesem Schritte berechtigt oder begingen sie damit einen revolutionären Akt?"

Erwähnt werden die Witan in allen Quellen mit Ausnahme der Handschrift F (Domitian. VIII 2) der angelsächsischen Chronik und von Wilhelm von Malmesbury; eine direkte Mitwirkung an Sigeberhts Entthronung wird ihnen dagegen nur von der Angelsächsischen Chronik, Florentius von Worcester und Heinrich von Huntingdon zugeschrieben. Steht also ihre Teilnahme völlig ausser Frage, so ist damit noch keineswegs gesagt, dass diese Teilnahme bestanden habe in einem förmlichen Gerichtsverfahren. Diese Annahme erscheint schon an und für sich höchst unwahrscheinlich, und dadurch, dass sie nur von einer einzigen, noch dazu späten Quelle, Heinrich von Huntingdon, überliefert wird, gewinnt sie keineswegs an Wahrscheinlichkeit.

Wir können somit diese Nachricht getrost als unglaubwürdig verwerfen, zugleich fallen aber damit auch alle Schlüsse, die auf ihr beruhen: von einer Absetzung eines Königs durch Richterspruch des Witenagemots, bezw. von einem Recht des letzteren zu einer solchen Absetzung kann keine Rede sein.[1] Wenn ein solches von Kemble und Freeman behauptet wird, so ist es künstlich konstruiert, ein Beweis dafür ist nur möglich, wenn man von demselben Satze ausgeht, wie die beiden genannten Forscher: das Witenagemot ist im Keime das englische Parlament. Aber diese Prämisse ist eben falsch.

Wenden wir uns nunmehr zu der Entthronung Alchreds von Northumbrien, 774, und halten wir uns auch hier zunächst an den Wortlaut der Quellen. Wir haben fünf Berichte über diesen Vorgang, von denen indessen nur vier in Frage kommen, da die Notiz bei Roger v. Hoveden ad ann. 774 wörtlich aus Simeon Dunelm. hist reg. Anglor. 48 entlehnt ist. Die anderen drei Quellen sind: die angelsächsische Chronik, Florentius v. Worcester und Heinrich v. Huntingdon, sie alle berichten übereinstimmend, dass Alchred in der Osterwoche 774 von seinen Unterthanen aus York vertrieben sei. Freeman (Norm. Conqu. I^2, Appendix R., p. 593 f.) giebt auch selbst zu, dass dies den Gedanken an einen einfachen Revolutions-Akt nahelege, aber aus den Worten Simeons v. Durham (a. a. O. § 48): „Alcredus Rex, consilio et consensu suorum omnium regiae familiae ac principum destitutus societate exilio imperii mutavit

---
[1] cf. auch Palgrave, commonwealth I, p. 657.

maiestatem" in Verbindung mit der Angabe der Chronik ad ann. 774: „her Nordhymbra fordrifon heora cyning Alhred of Eoferwic on Eastertid, zu Ostern vertrieben die Northumbrier ihren König Alchred aus York" geht nach ihm klar hervor, „dass Alchred von dem zu Ostern 774 in York abgehaltenen Witenagemot abgesetzt wurde". Jedoch enthält diese Stelle lediglich die Angabe, dass der König durch eine Verschwörung, an der sogar Angehörige seiner eigenen Familie beteiligt waren, entthront wurde, zwar liess man ihm das Leben, doch wurde er in sofern unschädlich gemacht, als er aus dem Lande weichen musste. Freeman sucht seine Behauptung durch einen Hinweis auf den Unterschied im Wortlaut der Stelle Sim. Dunelm. hist. reg. 48 gegen Sim. Dunelm. 49 zu stützen. Vergleichen wir ausserdem noch die Stelle Sim. Dunelm. 58, letztere stimmt zum Teil wörtlich mit 48 überein; Simeon sagt nämlich: „Osbald vero patricius a quibusdam ipsius gentis principibus in regnum est constitutus, et post XXVII dies omni regiae familiae ac principum est societate destitutus". Oswald wird also von einigen Grossen zum König erhoben, aber schon nach wenigen Tagen seiner Würde wieder beraubt, und zwar von der Gesamtheit der Mitglieder der königlichen Familie und der anderen Magnaten. Es ist aber doch sehr unwahrscheinlich, dass bei der Partei, die selbst den Osbald auf den Thron gesetzt hatte, binnen der kurzen Zeit von vier Wochen ein so vollständiger Gesinnungswechsel eingetreten sei, dass sie alle ohne Ausnahme sich auf die Seite der Gegner geschlagen hätten. Ich bin vielmehr der Meinung, dass wir es hier mit einer Uebertreibung unseres Autors zu thun haben, die uns beweist, dass wir nicht jedes einzelne Wort aus seinen Notizen für vollgiltige bare Münze hinnehmen dürfen. Damit fällt auch der Schluss, den Freemann aus dem Unterschied des Wortlauts der beiden Stellen zieht, dass nämlich hier kein lediglich revolutionärer Akt, sondern eine auf Grund eines richterlichen Spruchs erfolgte Absetzung vorliege, zusammen. Ueberdies erscheint mir das Beispiel noch aus einem weiteren Grunde nicht beweiskräftig genug: gerade in der Zeit, welcher dieser Fall angehört, der zweiten Hälfte des 8. Jahrhunderts, herrschte in England ein Zustand der grenzenlosesten Verwirrung. Die Regenten folgten einander in ganz kurzen Zwischenräumen auf dem Throne, eine Revolution nach der anderen brach aus, und ebenso rasch wie die eine Partei einen Ealdorman erhob, wurde er auch von der anderen wieder gestürzt. Natürlich gingen diese Wechsel der Herrscher auch nicht ohne viel Blutvergiessen ab, aus dem Jahre 778 wird uns berichtet, wie zwei Ealdormänner in Northumbrien, Aethelbald und Heardberht, sich gegen ihren Herrn empörten, und den königlichen Truppen bei Kingsclive eine Schlacht lieferten, worin diese geschlagen wurden und ihr Anführer Ealdulf fiel. In einer zweiten Schlacht, die ebenfalls von den aufständigen Führern gewonnen wurde, bei Filathirn, verloren abermals zwei königliche Heerführer, Cynewulf und Ecga, ihr Leben. König Aethelred floh, und Alfwolf wurde von den Aufrührern zum König ausgerufen.[1]) Doch auch unter ihm wurden die Zustände nicht besser: wir hören wiederum von einem Aufstand, dem diesmal zwar nicht der König selbst, aber doch einer seiner höchsten Beamten zum Opfer fiel: der Ealdorman Beron wurde zu Silton verbrannt.[2]) Schliesslich musste auch Alfwold den raschen Wechsel der Volksgunst erfahren: er ward durch eine Revolution vom Throne gestürzt, und seine beiden Nachfolger ereilte dasselbe Schicksal.

Wie wir sehen ist es eine Zeit der heillosesten Unordnung und Verwirrung, wo die Gewalt vollkommen an Stelle des Rechts getreten ist; um so bedenklicher aber ist es, ein Factum aus ihr zu verwenden, um die Theorie eines geltenden Rechts damit zu stützen. Eine Thatsache aus rechtloser Zeit kann niemals als Unterlage für einen Rechtsgrundsatz dienen.

Wollte man ferner der von Freeman oben angegebenen Kombination folgen, bezw. dieselbe auf andere Fälle übertragen, so könnte man aus Simeon Dunelm. hist. reg. § 45 (ad

---

[1]) cf. Chron. Saxon. ad ann. 778. Henr. Hunt. IV, 23. Sim. Dunelm. hist. reg. § 49.

[2]) cf. Chron. Saxon. ad ann. 779.

ann. 765) die Vermutung schöpfen, Aethelwald von Northumbrien sei auf einem Ende Oktober zu Wincunheale abgehaltenen Witenagemot von den Grossen seines Reiches abgesetzt worden. Thatsächlich ist diese Ansicht auch von Stubbs, (const. hist. of Engl. I⁴, p. 154) aufgestellt, oder doch wenigstens „als höchst wahrscheinlich" bezeichnet worden. Nach dem Wortlaut dieser einen Stelle könnte man freilich auf diesen Gedanken kommen.[1]) Simeon v. Durham sagt nämlich: „Eodem anno Ethelwald regnum Northanhymbrorum a m i s i t in Wicanheale III kal. Novembris." Dies liesse freilich eine Auslegung wie die von Stubbs angenommene recht wohl zu. Von unseren anderen Quellen berichten aber: Florentius v. Worcester (I, p. 58) wie auch Heinrich v. Huntingdon (hist. Angl. IV, 22) übereinstimmend: Ethelwaldus Mol. . . . . regnum Nordhumbre d i m i s i t. Dieser letztere Ausdruck lässt doch bestimmt darauf schliessen, dass Aethelwald nicht abgesetzt wurde, sondern abdankte, und dasselbe sagt auch die Angelsächsische Chronik ad ann. 759, welche angiebt: „Moll Aeðelwold feng to rice on Norðhymbrum, rixade VI, winter hit þa forlet, Moll Aethelwold kam in Northumbrien zur Regierung, regierte sechs Winter, und gab sie dann auf." Wollte man trotzdem an der Annahme einer formellen Absetzung Aethelwalds durch ein Witenagemot festhalten, so müsste man d i m i s i t für synonym mit a m i s i t erklären, wofür ich wenigstens keinen Beleg beizubringen vermag. Wilhelm v. Malmesbury gest. reg. Angl. I, 72 sagt: „is (Moll), undecim annis satis impigre regno functus insidiis Alcredi occubuit", woraus sich nach keiner Richtung hin ein Schluss ziehen lässt. Lappenberg (Gesch. v. England, I, p. 209) spricht die Annahme aus, Aethelwald habe seine Krone durch eine unglückliche Schlacht bei Winchenhale

---

[1]) Die Vermutung liegt um so näher, als, wie wir wissen, zu Wincanheale (wofür auch die Namen Wincenhale, Pincenheal und Finchale vorkommen) thatsächlich ann. 788 im September eine Versammlung abgehalten ist. cf. Chron. Saxon. ad ann. 788. Henr. v. Hunt. hist. Angl. IV, 25. Flor. Wig. I, p. 62. Sim. Dunelm. hist. reg. § 54 (letzterer verlegt sie freilich auf den 2. September 787).

verloren, doch habe ich für diese Behauptung keinen Anhaltspunkt finden können, ausser der von Lappenberg auch seinerseits citierten Stelle des Matthaeus Paris, dem ich aber nicht unbedingt Glauben schenken möchte, da ihn ein zu grosser Zeitraum (etwa 600 Jahre) von diesem Ereignis trennt.

Nun zu den beiden anderen Fällen, wodurch Freeman a. a. O. seine Ansicht zu stützen sucht. Beide, die s. g. Absetzung Aethelreds II (1013) und seine Restauration (1014) sowohl, wie die Entthronung Harthaknuts (1037), fallen ebenso wie der Sturz Alcreds, in eine Zeit heilloser Verwirrung. Jahre lang hatte das Land bereits unter den schlimmsten Verwüstungen und Plünderungen der Dänen, namentlich von Turkill, zu leiden gehabt, dazu kamen fortwährend Fehden der Grossen untereinander, und an der Spitze stand ein König, der, ein ganz elender Schwächling, selbst nicht die Macht in Händen hatte, dem Unwesen zu steuern und Ruhe und Ordnung zu schaffen, sondern sich hilfeflehend an seinen Schwager Richard von der Normandie wandte. Ein schlimmer Feind, Turkill, war allerdings vorläufig zu Ruhe gebracht, indem man ihn in Ostangeln sich hatte mit seinen Heerscharen ansiedeln lassen, aber er blieb doch immer eine schwere, stets drohende Gefahr, da er jeden Augenblick wieder losschlagen konnte. Zu allem Uebel kam nun noch obendrein ein neuer Einfall des Dänenkönigs Swen Doppelbart.

Aber schon der blosse Name „Dänen" machte damals die Angelsachsen erzittern, denn die Räubereien und Greuelthaten der Dänen hatten doch einen gar zu nachhaltigen Eindruck hinterlassen. Die Furcht vor einer Wiederholung derselben, und nicht zum wenigsten wohl auch die Sorge um die eigne Stellung war es, die den Ealdorman von Northumbrien, Uhtred, bewogen, sich dem Dänenkönig anzuschliessen. Unterwarf Uhtred sich freiwillig, so durfte er hoffen, seine Stellung, wenn auch als Lehnsmann der Dänen, zu behalten, vom Volke brauchte er keinen Widerstand zu befürchten, das war viel zu kraftlos und entnervt dazu, und so kam es nur darauf an, die Initiative nach der einen oder anderen Richtung hin zu ergreifen, aber eine Erhebung war bei einem solchen moralischen Verfall des Volkes nicht möglich, und eine Schlacht vollends hätte von vornherein keine Aussicht auf Erfolg gehabt. So war es politisch das Klügste, sich einfach den Dänen zu unterwerfen. Einer formellen Absetzung König Aethelreds bedurfte es dazu gar nicht, in dem Augenblicke wo Swen als König anerkannt wurde, war Aethelred eo ipso durch die blosse Thatsache selbst nicht mehr König, ihm fehlte das, was dieser Würde nach aussen hin Gehalt und Ausdruck gab, seine Mannen. Uhtred hatte sich in seiner Berechnung auch nicht getäuscht, er blieb Ealdorman, aber als er zusammen mit Eduard Eisenseite 1016 eine Erhebung gegen Knut ins Werk setzte und diese unglücklich verlief, liess Knut ihn hinrichten, und ernannte Eric an seine Stelle zum Ealdorman von Northumbrien (Chron. Saxon. ad ann. 1016). Nicht zu vergessen ist hierbei auch ein Umstand, der ohne Zweifel viel zu dem raschen Anschluss Northumbriens an Swen beigetragen hat, nämlich der, dass die Bevölkerung des Gebiets jedenfalls bereits mit dänischen Elementen durchsetzt war. Dies wusste Swen auch offenbar recht wohl, nicht umsonst fuhr er von Sandwich um Essex und Ostanglien herum,[1]) in den Busen des Humber hinein, und zog dann am Trent aufwärts nach Gainsborough, wo er zunächst ein Lager aufschlug; er gelangte damit direkt in die Gegenden, wo das dänische Element in der Bevölkerung am stärksten vertreten war: hatten doch in Mercien die Dänen fünf Städte (die „Fifburhingum", wie es in der Angelsächsischen Chronik heisst), wo die dänische Bevölkerung geradezu überwog, nämlich Lindcylne (Lincoln), Deoraby (Derby), Sinotingaham (Nothingham), Sigoraceaster (Leicester) und Stanford. Ferner

---

[1]) cf. Chron. Saxon. ad ann. 1013. Flor. Wig. I. p. 166. Henr. Hunt. hist. Angl. VI, 9. Sim. Dunelm. hist. reg. Angl. 124. Die Angabe bei Wilh. Malmesb. II, 177: „Suanus per Orientales Anglos profectus in Northamhimbros beruht auf einem Missverständnis der Worte Chron. Sax. ad ann. 1013: „wende þa soiðe raðe abutan Easterglum". Die anderen Quellen geben es (ll. cc.) richtig mit „circumnavigata East-Anglia" wieder.

war das benachbarte Ostangeln in der Hand des Dänen Turkill, den Sven ebenfalls auf seine Seite zu ziehen hoffen durfte. Hierin täuschte er sich freilich, denn Turkill, der sich damals in London beim König Aethelred aufhielt, blieb letzterem treu, sein Land freilich fiel Sven ebenfalls zu. Somit von Norden her gedeckt, konnte der letztere sich unbehelligt gegen Süden wenden, und durch das grauenvolle Wüten seiner Truppen brachte er bald den ganzen Südosten des Landes unter seine Herrschaft. London widerstand dort noch, wohl weniger deshalb, weil der König Aethelred sich dort befand, als weil der Däne Turkill, sein Lehensmann, dort energisch die Verteidigung leitete. Als indessen schliesslich auch die südwestlichen Landschaften das Vertrauen auf Erfolg des Widerstandes verloren und sich demgemäss zu Bath ebenfalls der dänischen Herrschaft unterwarfen, da war es auch mit dem Mut der Londoner Bewohnerschaft zu Ende: sie öffneten ebenfalls Sven die Thore. Sie fürchteten wohl, dass der Dänenkönig, der nach seiner Flotte zurückgekehrt war, mit derselben die Themse hinauffahren und dann zu Wasser und zu Lande eine Belagerung unternehmen würde. Eine solche auszuhalten, war man aber in London nicht mehr imstande. Und welches Schicksal die eroberte Stadt haben würde, darüber konnte man nach dem Wüten der Dänen im übrigen Lande nicht mehr in Zweifel sein. So war die Unterwerfung das einzige Mittel zur Rettung. Der König Aethelred brachte seine Gemahlin Imma und seine beiden Söhne bei seinem Schwager, dem Herzog Richard von der Normandie, in Sicherheit, und bald darauf folgte er ihnen selbst nach. So war Sven Herr von England.

So ist der Hergang, wie unsere Quellen ihn uns überliefern. Freeman (hist. of the Norm. Conqu. I^2, p. 358) meint: „es kann kaum noch ein Zweifel bestehen, dass dies ein förmlicher Akt des Witenagemots war, oder wenigstens sein sollte, indem man Aethelred absetzte und Sven auf den Thron erhob". Jedoch weder aus den Worten der Angelsächsischen Chronik, noch aus denen eines andren Schriftstellers lässt sich auf einen solchen formellen Akt schliessen.

Erstere sagt einfach: „þa sona abeah Uhtred eorl eall Nordhymbra to him, sie unterwarfen sich" oder höchstens noch: him man sealde gislas, und sie stellten Geiseln", und schliesslich heisst es: „eall þeodscipe hine heafde for fullne cyning, und das ganze Volk betrachtete ihn vollständig als König". Das letztere kann uns nicht weiter Wunder nehmen, da Sven thatsächlich das ganze Land beherrschte, aber davon, dass dies ausdrücklich in einem Witenagemot noch ausgesprochen sei, dafür findet sich nicht der geringste Anhaltspunkt, die „Witan" werden überhaupt nicht erwähnt.

Dass die ganze Unterwerfung überhaupt nur eine Folge des Schreckens war, den Svens Persönlichkeit um sich verbreitet hatte, das zeigte sich bei seinem Tode: sobald der Unterdrücker gestorben war, regte sich wieder der alte Geist der Sachsen. Die Dänen erhoben, wie begreiflich, den Sohn des verstorbenen Sven, Knut, zum König,[1] unter den Angelsachsen aber erwachte nunmehr der Wunsch nach Befreiung von der Fremdherrschaft. Wir gehen wohl nicht fehl, wenn wir vermuten, dass von der Stadt, die am längsten zu Aethelred gehalten, von London, auch die Anregung ausging, den flüchtigen König zur Rückkehr aufzufordern. Der Gedanke fand vielfach Anklang im Lande, Aethelred wurde davon in Kenntnis gesetzt und ging darauf ein. Es ist gar wohl begreiflich, dass die Angelsachsen, die nun Aethelred gegenüber thatsächlich die Macht in Händen hatten, sich vor solchen Unbilden, wie er sie sich gegen sie hatte zu Schulden kommen lassen, sichern wollten, und ebenso begreiflich ist es, dass Aethelred bereitwillig auf derartige Verhandlungen einging. Immerhin aber halte ich es für bedenklich, gerade diesen Fall, der doch von ganz besonderen Umständen begleitet ist, als ein Beispiel für

---

[1] Chron. Saxon. ad ann. 1014: „se flota eall geeuron Cnut to cyninge". Flor. Wig. I, p. 169. Quo mortuo filium eius Canutum sibi regem constituit classica manus Danorum. Henr. Hunt. hist. Angl. VI, 10: Exercitus autem eius elegit Cnut filium suum in regem. Wilh. Malmesb. II, 179: Dani Cnutonem filium Swani in regem eligunt.

eine durch förmlichen Beschluss des Witenagemots erfolgte Restauration eines Königs anzuführen.

Was ferner die von Freeman (hist. of the Norm. Conqu. I², p. 498 f.) behauptete Absetzung Harthaknuts anbetrifft, so kann ich auch diesen Vorgang keineswegs als ein vollgiltiges ausschlaggebendes Beispiel ansehen. Freeman ist auch vorsichtig genug, diese Behauptung mit einem „vermutlich" („I conceive") einzuführen, augenscheinlich deshalb, weil er selbst von der Haltbarkeit dieser seiner Ansicht nicht völlig überzeugt ist. Die ganze Hypothese beruht lediglich auf dem Wortlaut Chron. Sax. ad ann. 1037: „Her man geceas Herold ofer to kyninge forsoc Harðacnut". Letzterer Ausdruck ist in der Uebersetzung von Thorpe (Bd. II, p. 130) wiedergegeben mit „and Harthacnut [was] rejected". Einen analogen Ausdruck hatte bereits Florentius v. Worcester I, p. 192 gebraucht, er sagt: „Heardecnutus penitus abjicitur".[1]) Freeman hat nun anscheinend bei der Aufstellung seiner Hypothese von vornherein mehr die Uebersetzung „abjicitur" im Sinne gehabt, wie das im Text enthaltene „forsoc", was lediglich bedeutet, „sie verliessen ihn, sie wurden ihm abtrünnig". Mit anderen Worten: der Widerstand der Partei, die sich für Harthaknut erklärt hatte, und deren Leiter, die Königin Emma, Harthaknuts Mutter, und der Graf Godwine, vergeblich auf ein persönliches Erscheinen Harthaknuts in England gewartet hatten, war nunmehr gebrochen, auch sie erkannten Harold als König von England an. Dazu stimmt vollkommen, was Wilh. Malmesb. (de gest. regl. Angl. II, 188.) sagt: „(Godwinus) taudem vi et numero impar, cessit violentiae". Von einer formellen Absetzung finden wir dagegen keine Spur.

---

[1]) Sim. Dunelm., hist. reg. Angl. § 133 schreibt hier den Florentius v. Worcester wörtlich aus. Henr. Hunt. hist. Angl. VI, 18, folgt einer anderen Handschrift der Angelsächs. Chronik, welche die Worte „forsoc Harðacnut" nicht enthält, Wilh. Malmesb., de gest. reg. Angl. II, 188 giebt diesen Ausdruck ebenfalls nicht. Wir sind also auf Florentius v. Worcester und die Angelsächs. Chronik, bezw. auf letztere allein angewiesen.

Im Gegensatz zu diesen wenigen Fällen, in denen Kemble, Freeman und teilweise auch Stubbs und Lappenberg eine förmliche Absetzung des Königs durch das Witenagemot sehen wollen, sind die Fälle, wo der König entthront wird, ohne dass wir von einer Mitwirkung der Witan hören, keineswegs so gering an Zahl. Ich habe die folgenden gefunden:

Chron. Sax. ad ann. 592: Ceaulin (v. Wessex) wurde vertrieben. cf. Flor. Wig. I, p. 9. Wilh. Malmesb. I, 17. (Henr. Hunt. hist. Angl. II, 27 setzt irrtümlich Ceaulins Tod in dieses Jahr.)

Chron. Saxon. ad ann. 778: Alfwold (v. Northumbrien) bestieg den Thron und vertrieb Aethelred aus dem Lande. cf. Flor. Wig. I, p. 59, (hier ist der König statt „Aethelred" genannt „Aethelberht"). Henr. Hunt. hist. Angl. IV, 23. Sim. Dunelm. hist. reg. Angl. 49. Wilh. Malmesb. de gest. reg. Angl. I, 72.

Chron. Saxon. ad ann. 790: König Osred von Northumbrien wurde verraten und aus seinem Königreiche vertrieben. cf. Flor. Wig. I, p. 62. Henr. Hunt. hist. Angl. IV, 26. Wilh. Malmesb. de gest. reg. Angl. I, 72. Sim. Dunelm. hist. reg. Angl. 55. erwähnt zwar die „principes" als an der Entthronung Osreds beteiligt, aber durch seinen Zusatz: dolo .... circumventus et captus ac regno privatus wird jeder Anschein einer gesetzmässigen Handlungsweise derselben ausgeschlossen.

Chron. Saxon. ad ann. 806: Eardulf, König von Northumbrien ward aus seinem Reiche vertrieben. cf. Henr. Hunt. hist. Angl. IV, 28. Sim. Dunelm. hist. Dunelm. Eccl. II, 5.

Chron. Saxon. ad. ann. 821: Ceolwulf wurde seines Reiches beraubt. cf. Flor. Wig. I, p. 65. Henr. Hunt. hist. Angl. IV, 28. Wilh. Malmesb. de gest. reg. Angl. I, 96.

Chron. Saxon. ad ann. 867. Die Northumbrier hatten ihren König Osbryht vertrieben. cf. Flor. Wig. I,

p. 81. Henr. Hunt. hist. Angl. V, 5. Sim. Dunelm. hist. eccles. Dunelm. 6. Wilh. Malmesb. de gest. reg. Angl. II, 120.

Chron. Saxon. ad ann. 952: Die Northumbrier vertrieben ihren König Olaf. cf. Henr. Hunt. hist. Angl. V, 22.

Chron. Saxon. ad ann. 954: Die Northumbrier vertrieben ihren König Eric. cf. Henr. Hunt. hist. Angl. V, 22.

Zu diesen Fällen kommen sodann noch hinzu diejenigen, in welchen die Entthronung des Königs gleichzeitig verbunden ist mit seiner Ermordung, ich habe dieselben indessen hier nicht in Betracht gezogen, weil sich eben aus der Thatsache der Ermordung der revolutionäre Charakter des Aktes von vornherein ergiebt, und damit die Frage, ob eine gesetzmässige, in rechtliche Formen gekleidete Absetzung vorliege oder nicht, a priori in verneinendem Sinne beantwortet ist.

Lassen wir also diese Fälle bei Seite, so bleiben im ganzen noch dreizehn, in welchen es von vornherein nicht ganz klar ist, ob eine gesetzmässige oder eine rein revolutionäre Absetzung des Königs vorliegt.)

Es ergiebt sich also das folgende Resultat: in einem einzigen Falle hören wir, dass der König unter Mitwirkung des Witenagemots seines Thrones beraubt wurde, aber die Quelle, die uns von diesem Gerichtsverfahren erzählt, ist keine gleichzeitige, und sie steht mit ihrem Bericht ganz allein. Auf dieses einzige Zeugnis sind wir aber nicht berechtigt, die Annahme eines Rechtes des Witenagemots, den König abzusetzen, zu begründen.

Ganz richtig bemerkt Palgrave[1]) hierzu: — der übrigens mehrere solcher Fälle annimmt — „keiner dieser Fälle kann als ein verfassungsgeschichtlicher Präzedenzfall angesehen werden.[2]) Denn erstens lässt sich wohl in jedem Lande und in jedem Zeitalter ein Beispiel finden, dass man mit Erfolg einen gewaltthätigen Monarchen zu entthronen suchte, und

---

[1]) cf. commonwealth I, p. 655.
[2]) cf. auch Gneist, engl. Verfassungsgesch., p. 33. Anm.

zweitens giebt die Wiedereinsetzung des rechtmässigen Königshauses eher einen Beweis gegen als für ein Absetzungsrecht."[1])

Aus der „Beschränkung des Königs in allen Regierungsangelegenheiten" folgern Kemble (Sachsen in England II, p. 189) und Freeman (hist. of the Norm. Conqu. I², p. 109), dass auch bei der Ernennung der hohen Geistlichen der König an die Mitwirkung des Witenagemots gebunden gewesen sei. Dem gegenüber ist aber das einseitige Ernennungsrecht der Krone energisch verteidigt worden von Stubbs (const. hist. I,⁴ p. 157).[2])

Prüfen wir zunächst wieder die Angaben unserer Quellen. In der Angelsächsischen Chronik finden wir für die Zeit von 604—1066 im ganzen 59 Ernennungen von Bischöfen bezw. Erzbischöfen erwähnt. In 38 von diesen Stellen finden sich aber ähnlich wie bei den Notizen über die Thronfolge, lediglich ganz allgemeine Angaben: successit, sublevatur, ordinatur, consecratus est u. a. Gelegentlich wird zwar gesagt, „electus est", aber wir erfahren nicht, wer als Wähler fungiert hat, ob das Witenagemot und der König, oder der letztere allein.[3]) Alle diese Angaben sind demgemäss für uns ohne Bedeutung und kommen also nicht weiter in Betracht.

Es bleiben uns somit nur 21 Fälle, in welchen uns der Verleiher der Würde genannt wird.

Diese lassen sich folgendermassen gruppieren:

    a. 3 Fälle, in denen man allenfalls eine Mitwirkung des Witenagemots erkennen könnte, wenn sie auch nicht ausdrücklich hervorgehoben ist:

---

[1]) commonwealth I, p. 657.

[2]) Stubbs und Freeman geben für ihre Behauptungen keine Belegstellen an; von den vier Stellen, auf welche Kemble sich stützt, werden drei weiter unten behandelt werden, das vierte Beispiel passt überhaupt nicht, denn es heisst in der angeführten Stelle: (Chron. Saxon. ad ann. 1050) „König Eduard hielt ein Witenagemot in London . . . . , und ernannte Robert zum Bischof von Canterbury." Die Ernennung erfolgte also, wie ausdrücklich hervorgehoben wird, durch den König und nicht durch das Witenagemot.

[3]) cf. Flor. Wig. I, p. 43. Henr. Hunt. IV, 26.

1. Plegmund v. Canterbury (891 gewählt). cf. Chron. Saxon. ad ann. 891: Plegmund wurde von Gott und dem ganzen Volk zum Bischof von Canterbury gewählt."
Die Mitwirkung des Witenagemots ist in anderen Stellen nicht bezeugt.
2. Oskytel v. York (erwählt 971). cf. Chron. Saxon. ad ann. 971: Oskytel wurde durch die Gunst des Königs Eadred und aller seiner Witan zum Erzbischof von York geweiht."
Weitere Zeugnisse liegen hier ebenfalls nicht vor.
3. Aelfric v. Canterbury (erwählt 995). cf. Chron. Sax. ad ann. 995: „Aelfric wurde gewählt von König Aethelred und all seinen Witan."
Auch hier berichtet uns keine andere Quelle von einer Wahl.

b. In einem vierten Fall, Dunstan v. Worcester, (959) berichtet uns die Angels. Chronik ad ann. 959: „Eadgar gab ihm den Bischofssitz." Flor. Wig. I, p. 137 sagt nur: „Dunstanus ad episcopatum eligitur," fügt aber hinzu: „cui anno sequenti rex Mercensium Eadgarus Lundoniensem ecclesiam regendam commisit" und lässt also auch den König die Initiative ergreifen. Kurz darauf (p. 138) giebt er freilich an „Dunstanus . . . . ex respectu divino et sapientum consilio primae metropolis Anglorum primas et patriarcha instituitur."

Aber nehmen wir selbst hier eine Teilnahme der Witan an Dunstans Wahl an, so bleiben doch

c. 17 Fälle, in welchen die Verleihung der Würde direkt auf den König zurückgeführt wird, ohne dass wir von einer Beteiligung des Witenagemots hören. Es sind dies die folgenden, in welchen zum Teil noch die Angaben der Angelsächsischen Chronik von anderer Seite bestätigt werden:

1. Mellitus v. London, seit 604. Chron. Sax.

2. Justus v. Rochester, seit 604. Chron. Sax.
3. Aegelberht v. Wessex, seit 605. Chron. Sax. u. Flor. Wig. I, p. 20.
4. Eanbald v. York, seit 780. Chron. Sax. Flor. Wig. I, p. 59. Henr. Hunt. IV, 23.
5. Higeberht, seit 785. Chron. Saxon. Flor. Wig. I, p. 61. Henr. Hunt. IV, 25.
6. Aethelheard v. Canterbury, seit 790. Wilh. Malmesb. I, 87.
7. Aethelwold v. Winchester, seit 963. Chron. Sax.
8. Lyfing v. Canterbury, seit 1013. Chron. Sax. Wilh. Malmesb. II, 176.
9. Lyfing v. Worcester, seit 1038. Chron. Saxon. Flor. Wig. I, p. 193. (Wilh. Malmesb. II, 188, Hardecnutus Livingo episcopo infensus illum episcopatu expulit, sed post annum . . . . restituit, lässt auch den König allein handeln.)
10. Siward v. Canterbury, seit 1044. Chron. Sax. Wilh. Malmesb. II, 197.
11. Hereman v. Sherborne, seit 1044. Chron. Saxon.
12. Leofric v. Crediton, seit 1044. Chron. Saxon.
13. Hecca v. Selsey, seit 1047. Chron. Saxon.
14. Stigand v. Winton, seit 1047. Chron. Saxon.
15. Ulf v. Dorchester, seit 1049. Chron. Saxon.
16. Robert v. Canterbury, seit 1050. Chron. Saxon. Henr. Hunt. VI, 22.
17. Spearhafoc v. London. Chron. Saxon.

In einer geradezu erdrückenden Mehrheit von Fällen ist also die Ernennung als durch den König erfolgt angegeben, und ich glaube deshalb nicht, dass eine Mitwirkung der Witan bei derselben stattgefunden hat. Wohl ist es anzunehmen, dass diese Ernennungen bei Gelegenheit eines Witenagemots stattfanden[1]) und vielleicht auch in demselben offiziell bekannt gegeben wurden, was jedenfalls eine feierlichere Form derselben

---

[1]) cf. Chron. Saxon. ad ann. 785 u. 1050.

vorstellte, aber sie erfolgten nicht in dem Witenagemot oder durch dasselbe, sondern durch den König allein.

Ein ganz ähnliches Verhältnis finden wir auch bei der Ernennung der höchsten weltlichen Beamten, der Ealdormen. Kemble (Sachsen in England II, p. 126) und Freeman (hist. of the Norm. Conqu. I^2, p. 109) treten auch hier für die Mitwirkung des Witenagemots bei der Besetzung der Ealdorman-Stellen ein. Stubbs (const. hist. of Engl. I^4, p. 149) meint, eine solche sei wenigstens theoretisch vorhanden gewesen, während in der Praxis der König ausschlaggebend gewesen sei (ibid. p. 157); Lappenberg (Gesch. v. England I, p. 563) lässt sie durch den König allein ernannt werden;[1] Gneist (engl. Verfassungsgesch., p. 84) räumt wenigstens unter den schwächeren Königen dem Witenagemot einen „Beirat" ein.

Die schon mehrfach beklagte Dürftigkeit des Materials zeigt sich auch hier; nur 11 Fälle von Ealdorman-Ernennungen bietet uns die Angelsächsische Chronik.[2] Diese geringe Zahl erklärt sich daraus, dass die Würde des Ealdorman vielfach erblich war; [3] cf. Henr. Hunt. VI, 24: „quia Walteof filius eius (Siward) adhuc parvulus erat, datus est consulatus eius Tosti filio Godwini consulis."

Vier Fälle, die Ernennungen Aelfgars,[4] Oslacs,[5] Aelfrics[6] und Harolds[7] müssen wegen zu unbestimmter Bezeichnungen in den Quellen hier ausgeschieden werden.

[1] Im Widerspruch hiermit sagt Lappenberg a. a. O. p. 567: „Das Amt ward nicht ohne Entscheidung der Wittigsten gewonnen, wie aus den Verhandlungen unter Eduard dem Bekenner hervorgeht."

[2] Die Angabe der gewöhnlich Eduard dem Bekenner zugeschriebenen Gesetze, wonach die Ealdormen „per commune consilium .... in pleno folcmoto" gewählt wurden (32 a, § 1, p. 510 Schmid), ist von Kemble (Sachsen in England II, p. 125) wie ich glaube, mit Recht zurückgewiesen worden.

[3] Anders Asser, p. 567; Kemble, Sachsen in England II, 123.

[4] cf. Chron. Saxon. 1051. Flor. Wig. I, p 211. Wilh. Malmesb. II, 199.

[5] cf. Chron. Saxon. ad ann. 961.

[6] cf. Chron. Saxon. ad ann. 983. Flor. Wig. I, p. 147.

[7] cf. Chron. Saxon. ad ann. 1053. Flor. Wig. I, p. 211. Henr. Hunt. VI, 23. Wilh. Malmesb. II, 199.

Die übrigen 7 sind in chronologischer Reihenfolge:
1. Aethelstan von Kent (ernannt 836). cf. Chron. Saxon. ad ann. 836: "Aethelwulf gab seinem Sohne Aethelstan das Königtum in Kent." Uebereinstimmend damit: Aethelwerd, Chron. III, 3. Flor. Wig. I, p. 69. Wilh. Malmesb. II, 108. (Henr. Hunt. IV, 30 giebt irrtümlich an, Kent sei durch Egbert an Aethelstan übertragen).
2. Edric von Mercien (ernannt 1006). cf. Wilh. Malmesb. II, 165: "Edricus quem rex (Aethelred) comitatui Merciorum praefecerat." Chron. Saxon. ad ann. 1006. Henr. Hunt. VI, 4.
3. Eric von Northumbrien (ernannt 1016). cf. Chron. Saxon. ad ann. 1016: "Cnut setzte Eric zum Grafen von Northumbrien ein." Ebenso Flor. Wig. I, p. 172.
4. Knut teilt das Reich 1017. Ostanglien erhält Turkill, Mercien Edric, Northumbrien bleibt Eric, Wessex behält Knut. cf. Chron. Saxon. ad ann. 1017, was bei Flor. Wig. I, p. 181, und Wilh. Malmesb. II, 181 wörtlich wiederkehrt. Henr. Hunt. VI, 15.
5. Odo von Devonshire (ernannt 1048). cf. Chron. Saxon. ad ann. 1048: "Odda wurde als Graf über Devonshire gesetzt." Dasselbe berichtet Henr. Hunt. VI, 22.
6. Tostig von Northumbrien (ernannt 1055). cf. Chron. Saxon ad ann. 1055: "Der König gab die Grafschaft an Tostig." Damit stimmen überein Henr. Hunt. VI, 24; Wilh. Malmesb. II, 200; Flor. Wig. I, p. 212.
7. Blegent und Riwallo von Wales (ernannt 1063). cf. Chron. Saxon. ad ann. 1063: "König Eduard übergab das Land seinen (Griffiths) beiden Brüdern Blegent und Riwallo." Ebenso Flor. Wig. I, p. 222. Wilh. Malmesb. II, 228.

In allen diesen Fällen ist also die Verleihung der Ealdorman-Würde dargestellt als erfolgt durch den König, ohne Mitwirkung des Witenagemots.[1]) Und so wird es auch in der That gewesen sein; der König hatte die freie Wahl seiner Beamten, wohl war er insofern beschränkt, als sich die Würde nicht an jeden beliebigen, sondern nur an Mitglieder gewisser adliger Familien verleihen liess, aber unter den Mitgliedern derselben konnte der König wählen, wen er wollte. Auch dürfen wir annehmen, dass in den Fällen, wo die Würde des Ealdormans vom Vater auf den Sohn überging, wenigstens eine Bestätignng durch den König erfolgte.

Durch dieses Ernennungsrecht war dem Könige eine grosse Machterweiterung gegeben. Zeigte sich einmal thatsächlich eine ihm feindliche Strömung im Witenagemot,[2]) so hatte er doch die Macht, sie zu überwinden, indem er durch Neuschaffung von Stellen, die er dann mit ihm freundlich gesinnten Adligen besetzte, eine seinen Plänen günstige Mehrheit in der Versammlung herstellte, oder modern gesprochen, einen Pairsschub veranstaltete. (cf. Stubbs, const. hist. of Engl. I[4], p. 157).[3])

---

[1]) Anders Kemble, Sachsen in England II, p. 126.

[2]) Dass dasselbe thatsächlich beratend und beschliessend thätig war, ergiebt sich aus mehreren Stellen, so z. B. Einleitg. zum Friedensschluss zwischen Alfred und Guthorm (p. 106 Schmid), Chron. Saxon. ad ann. 1006 u. 1010. Wilh. Malmesb. II, 165.

[3]) Nach einer Urkunde des Königs Wihtred von Kent aus dem Jahre 694 (cod. dipl. V, N. 896) stand dem König die Ernennung der weltlichen Beamten zu, die der Geistlichen soll geschehen „nullo modo sine consensu et consultu archiepiscopi. Nihil enim in hac re aliquid pertinet ad decretum vel imperium regis. Illius autem est comites, duces, optimates, principes, praefectos, iudices saeculares statuere." Indessen ist diese Urkunde bereits von Kemble als vermutlich gefälscht bezeichnet worden, dagegen wird sie citiert (mit Hinweis auf Chron. Saxon. ad ann. 692) von Stubbs, select charters, p. 61, der sie demnach für echt hält. Die Form der Urkunde lässt sie aber sehr verdächtig erscheinen.

Mit der nächsten Frage, der Beteiligung des Witenagemots an der Gesetzgebung, gelangen wir endlich auf etwas festeren Boden. Es sind uns nämlich eine Anzahl von Beschlüssen erhalten[1]) (gewöhnlich als „Gesetze des Königs N." bezeichnet), die mit kurzen Einleitungs- oder Schlussbemerkungen versehen sind, aus denen wir die Art des Zustandekommens derselben ersehen können.

So heisst es in der Einleitung zu den Gesetzen des Wihtred (p. 14—19 Schmid) von einem Witenagemote zu Berghamstyde; „da war vereinigt eine hohe Versammlung der Mächtigen .... und da waren und berieten sich alle Stände der Kirche dieses Landes einmütig mit dem gehorsamen Volke. Hier fanden die Mächtigen mit Beistimmung aller diese Satzungen . ."

Ferner: „Ich, Ine, König der Westsachsen, beriet mich auf das Bedünken und den Rat Cenreds meines Vaters und Heddes meines Bischofs, und Eorcenwoldes meines Bischofs mit allen meinen Ealdormannen und den ältesten Witan meines Volkes ...." (p. 20 Schmid.)

Der Schluss zu den Gesetzen Aelfreds (p. 58—105 Schmid) lautet: „Ich nun, König Aelfred, sammelte da diese Gesetze, und liess viele von denen, welche unsere Vorfahren hielten, abschreiben, wenn sie mir gefielen, und viele von denen, die mir nicht gefielen, verwarf ich mit dem Rate meiner Witan ... Ich nun, Aelfred, König der Westsachsen, zeigte diese allen meinen Witan, und sie erklärten, dass sie dies alles wohl halten wollten."

Iu gleicher Weise heisst es von Edgars Gesetzen (p. 184 f. Schmid): „Dies ist die Satzung, die König Edgar mit seiner Witan Rate beschloss", und fast wörtlich stimmt damit überein die Einleitung zu Aethelreds Gesetzen V (p. 220 ff. Schmid).

---

[1]) Gesammelt v. Reinh. Schmid, Gesetze der Angelsachsen, 2. Aufl. 1858. Thorpe, ancient laws and institutions of England, 1840.

Schon aus diesen Stellen können wir schliessen, dass dem Witenagemot eine Mitwirkung bei der Gesetzgebung zustand; aus mehreren anderen Ausdrücken, wie „wir verordnen" (Aelfreds Gesetze, B. 37), „wir gebieten" (ebda 38), wie auch aus der unmittelbaren Angabe „wir beschlossen" (Eduards Gesetze, II, 6) ersehen wir ferner, dass auch bei der Beschlussfassung die Witan mitwirkten.[1]) Der Inhalt der Gesetze ist übrigens so mannigfaltig, dass daraus kein Anhalt zu gewinnen ist, ob die Witan zu allen Gesetz-Vorlagen, oder nur bei einer bestimmten Gruppe derselben ihre Zustimmung gaben. Die Verkündigung der neugefassten Gesetzbeschlüsse erfolgte dann durch den König (Aethelstans Gesetze, II, p. 130 Schmid).

Aus dem Umstande, dass in der fünften Reihe der unter Aethelred II. ergangenen Gesetze sich einige Male[2]) der Ausdruck findet „und der Witan Satzung ist, dass . , . ." hat Kemble (Sachsen in England II, p. 181) die Möglichkeit geschlossen, dass das Witenagemot berechtigt gewesen sei, allein, ohne Mitwirkung des Königs, gesetzgeberische Akte vorzunehmen. Dabei sind indessen mehrere wichtige Punkte zu beachten: einmal, dass Aethelred II. als Knabe von sieben Jahren auf den Thron kam, und zweitens, dass die oben erwähnten Gesetzesbeschlüsse, worauf Kemble sich stützt, kein Datum tragen und sich auch durch Heranziehung anderer Quellen nicht datieren lassen. Es steht also nichts der Annahme entgegen, dass die Gesetze in den Beginn von Aethelreds Regierung gehören.

Während dieser Zeit lag allerdings die Regierungsgewalt in den Händen des Witenagemots, und zwar bis 988 vornehmlich in denen des Erzbischofs Dunstan. Bei Gesetzen, die in die Zeit der Minderjährigkeit des Königs gehören, könnte es kaum auffallen, wenn er bei dem Erlass derselben, da sie thatsächlich ohne seine Mitwirkung zu Stande gekommen sind, auch nicht als beteiligt genannt wird. Da nun bei allen

---

[1]) cf. auch die Schlussbemerkung zu Aelfreds Gesetzen, Cap. 1, § 10 (p. 68 Schmid).
[2]) cf. Aethelreds Gesetze V, Cap. 1, § 1—5 (p. 220 ff. Schmid).

anderen Gesetzen, wo die Mitglieder der Versammlung überhaupt genannt werden, der König auch als beteiligt angeführt wird, so ist die Behauptung von Kemble dahin einzuschränken, dass das Witenagemot nur das Recht besass, während der Minderjährigkeit des Königs ohne dessen Mitwirkung Gesetze zu erlassen.

Mit der Frage der Gesetzgebung hängt eng zusammen die der Besteuerung. Sehr weit entwickelt konnte das Finanzwesen in jenen Zeiten naturgemäss noch nicht sein, die Einnahmen des Königs bestanden nur in den Bussen und Wergeldern, sowie in gewissen Abgaben, die aber zum Teil nicht in barem Geld, sondern in Naturalien entrichtet zu werden pflegten.[1]) Ausserdem waren alle Einwohner verpflichtet, zur Leistung der s. g. „trinoda necessitas", d. h. der Heeresfolge, dem Brücken- und Wegebau und der Ausbesserung der Befestigungen. An diesen Leistungen hielt man auch durchgehends fest, wir haben zahlreiche Beispiele in den Urkunden, dass Steuerbefreiungen gewährt, aber die „trinoda necessitas" ausdrücklich ausgenommen wurde.[2])

Eine wirkliche direkte Steuer finden wir erwähnt in Aethelstans Gesetzen VI, 2 (p. 158, Schmid) wo es heisst: „dass wir beschlossen, dass jeder von uns vier Pfennige zu unserem gemeinschaftlichen Bedarf binnen 12 Monaten steure." Bei der Festsetzung dieser dauernd erhobenen Abgabe ist also die Mitwirkung der Witan ganz ohne Frage. Andrerseits heisst es wieder Chron. Saxon. ad ann. 1008: „der König befahl, in ganz England emsig Schiffe zu bauen, und zwar sollte von je 320 Ackern ein grosses Schiff gestellt werden.." Hier wird von den Witan nichts gesagt, und ebensowenig werden sie unter demselben Jahre bei Flor. Wig. (I, p. 160) und Henr. Hunt. (VI, 4) erwähnt.

---

[1]) Beispiele zahlreich im cod. dipl.; so I, N. 117, II, 258, 306, 399, 410, ferner Ines Gesetze 59, § 1 (p. 50 Schmid).

[2]) cf. cod. dipl. I, N. 87, 99, 118, 138, II, 287, III, 536, 543 u. ö.

Von ähnlichen ausserordentlichen Steuern hören wir noch mehrfach:

Chron. Saxon. ad ann. 991 heisst es: „in diesem Jahre wurde zuerst eine Tributzahlung an die Dänen beschlossen, ... es waren zuerst 10 000 Pfund. Diesen Rat erteilte zuerst Erzbischof Sigeric".[1])

Aehnliche Fälle werden uns noch berichtet aus den Jahren 994,[2]) 1002,[3]) 1006,[4]) 1007,[5]) 1011,[6]) 1012.[7])

Diese letzten sieben Fälle sind indessen lediglich von den Witan beschlossene Kriegsmassregeln, man sah sich zu schwach die Angriffe der Dänen mit den Waffen zurückzuweisen, und erkaufte deshalb den Frieden durch eine Tributzahlung.[8]) Auf welche Weise dieser Tribut aufgebracht werden sollte, ist eine andere Frage. Freilich hören wir, dass später eine besondere Steuer, das s. g. „heregyld"[9]) eingeführt wurde, aber daraus folgt noch nicht, wie Kemble (Sachsen in England II, p. 181) angenommen hat, dass die Erhebung dieser Steuer von dem Witenagemot beschlossen wurde. Dieselbe muss übrigens eine gute Einnahmequelle gewesen sein, denn wir erfahren aus Chron. Saxon. ad ann. 1052, dass sie 39 Jahre lang gezahlt worden sei. Sie wurde also auch in den Jahren erhoben, in welchen sie an die Dänen nicht gezahlt zu werden brauchte.[10])

---

[1]) cf. Flor. Wig. I, p. 199. Henr. Hunt. V, 29. Wilh. Malmesb. II, 165.

[2]) cf. Chron. Saxon. ad ann. 994. Flor. Wig. I, p. 151 f. Henr. Hunt. V, 29. Wilh Malmesb. II, 165.

[3]) cf. Chron. Saxon. ad ann. 1002. Flor. Wig. I, p. 155. Wilh. Malmesb. II, 165.

[4]) cf. Chron. Saxon. ad ann. 1006.

[5]) cf. Chron. Saxon. ad ann. 1007. Henr. Hunt. VI, 4. Flor. Wig. I, p. 159.

[6]) cf. Chron. Saxon. ad ann. 1011. Flor. Wig. I, p. 163.

[7]) cf. Chron. Saxon. ad ann. 1012. Flor. Wig. I, p. 165.

[8]) Dass dieser Tribut nicht mit dem „heregyld" identisch war, geht auch daraus hervor, dass letzteres nach Chron. Saxon. ad ann. 1052 erst 1014 eingeführt wurde.

[9]) cf. Chron. Saxon. ad ann. 1040, 1052. Flor. Wig. I, p. 204.

[10]) cf. Henr. Hunt. V, 29.

Ob das Witenagemot zur Zahlung des „Dänengeldes" in diesen letzten Jahren seine Zustimmung gegeben hat, wissen wir nicht. Wenn wir gelegentlich von anderen ausserordentlichen Steuern hören, wie z. B. 1017 unter Knut[1]) oder 1041 unter Harthaknut[2]), so werden die Witan niemals erwähnt.

Ebensowenig hören wir von einer Beteiligung des Witenagemots bei Gewährung von Steuererlassen. Nur bei dauernden Steuerbefreiungen gab es seine Zustimmung.[3])

Die gänzliche Aufhebung des „heregyld" dagegen erfolgte durch den König.[4])

Wir kommen also zu folgendem Resultat: Die Festsetzung von dauernd zu erhebenden Abgaben erfolgte durch den König und das Witenagemot gemeinschaftlich. Wie es mit der Bestimmung ausserordentlicher Abgaben war, ist nicht zu entscheiden. Wir haben Beispiele, dass der König allein eine Steuer auferlegt, ebenso haben wir solche für eine vom König allein verfügte Steuerbefreiung. Dauernde Abgaben-Erlasse dagegen erfolgten unter Beteiligung des Witenagemots.

Für eine fernere Seite der Thätigkeit des Witenagemots steht uns ein sehr reichliches Material zu Gebote, nämlich für die Mitwirkung desselben bei der Ueberweisung von Grundbesitz. Wie die Römer ihren ager publicus, so hatten die Angelsachsen ihr „folcland", d. h. einen Komplex von Grundstücken, die nicht Eigentum eines Einzelnen waren, sondern der Gesamtheit des Volkes als solcher gehörten.

Wie wir aus zahlreichen Urkunden ersehen, konnten nun Teile von diesem „folcland" einzelnen Personen oder Stiftern als Eigentum überwiesen, in s. g. „bookland" verwandelt werden.[5])

---

[1]) cf. Henr. Hunt. VI, 15.

[2]) cf. Chron. Saxon. ad ann. 1040. Flor. Wig. I, p. 194. Henr. Hunt. VI, 19. Wilh. Malmesb. II, 188.

[3]) cf. cod. dipl. II, N. 300, 285, III, 641. Die Urkunden N. 604 und 608 erscheinen mir verdächtig, da sie weder Datum noch Unterschriften tragen.

[4]) cf. Chron. Saxon. ad ann. 1052. Flor. Wig. I, p. 204.

[5]) cf. cod. dipl. I, 1, 16, 27, 114, 160, 191, u. a.

Der neue Besitzer eines solchen Grundstücks konnte jedoch nicht in allen Fällen vollkommen frei darüber verfügen, wir haben vielmehr Beispiele, dass in der Verleihungs-Urkunde gleich bestimmt wurde, an wen das Grundstück nach dem Tode des Empfängers fallen solle.[1])

Zu allen diesen Ueberweisungen aber war, wie gesagt, die Zustimmung des Witenagemots unerlässlich.[2]) Auch der König durfte nur unter Zustimmung der Witan einen Teil des „folcland" zu seinem persönlichen Eigentum machen.[3])

War ein Grundbesitzer ohne Erben zu hinterlassen und ohne testamentarisch über seine Ländereien verfügt zu haben, gestorben, so fielen diese durch Spruch der Witan an den König.[4])

Auch von einer richterlichen Thätigkeit der Witan wird uns berichtet.

Sie bildeten den höchsten Gerichtshof des Landes, allerdings weniger als Appellations-Instanz, vielmehr waren sie in erster Linie competent, wenn jemand in einer niederen Instanz kein Recht hatte bekommen können, also mit seiner Klage abgewiesen war. Es geht dies hervor aus einer Bestimmung in Aethelstans Gesetzen (II, 3, p. 132, Schmid), wo es heisst: „wenn ein Herr Recht verweigert.... und man sich deshalb an den König wendet, so vergelte er es mit dem Ersatzgelde."

Unmittelbar sich an den König zu wenden, war dagegen nicht gestattet, vielmehr musste ein jeder vorher so oft um Recht bitten, als es ihm zukam, (cf. leg. Aethelst. II, 3, p. 132 Schmid), erst dann stand ihm der Weg zur letzten Instanz offen.

Im codex diplomaticus finden sich zahlreiche Schlussprotokolle solcher Verhandlungen, in denen wir in kurzen Zügen über die streitenden Parteien, den Gegenstand des

---

[1]) cf. cod. dipl. II, 299.
[2]) cf. Kemble, Sachsen in England II, p. 192 f.
[3]) cf. cod. dipl. II, 260.
[4]) cf. cod. dipl. V, 1035. Kemble, l. c.

Rechtsstreites und den bisherigen Verlauf des Prozesses unterrichtet werden. Den Schluss bildet dann das vom König und den Mitgliedern des Witenagemots unterzeichnete Urteil.[1])

Doch nicht allein in Civilstreitigkeiten, sondern auch in Criminalsachen war das Witenagemot der zuständige Gerichtshof. In einer Stelle von Alfreds Gesetzen (Einleitg. 21, p. 60, Schmid) wird für einen Fall, den wir nach heutigen Begriffen als „fahrlässige Körperverletzung mit tötlichem Ausgang" bestrafen würden, festgesetzt: „der Herr werde erschlagen, oder vergolten, wie das die Witan zu Recht finden".

Ferner erfahren wir aus Angaben der Angelsächsischen Chronik, dass Graf Godwin,[2]) Erzbischof Robert,[3]) ebenso wie Aelfgar[4]) und Tostig,[5]) durch Urteil des Witenagemots geächtet wurden. Andrerseits wurden Godwin[6]) und Aelfgar[7]) ebenfalls durch ein Witenagemot in ihre Würde wieder eingesetzt.

Doch damit ist die Thätigkeit des Witenagemots noch nicht erschöpft. Auch auf dem Gebiete der äusseren Politik greift es mit ein.

Wir hören zweimal von einem Bündnis, das König Burhed von Mercien und seine Witan mit Wessex abschlossen[8]), und in den Eingangsworten zu den Urkunden über die Friedensschlüsse zwischen Alfred, bezw. Eduard I. und Guthorm werden

---

[1]) cf. z. B. cod. dipl. II, N. 245 und 356.

[2]) cf. Chron. Saxon. ad ann. 1052. Wilh. Malmesb. II, 199. Henr. Hunt. VI, 22.

[3]) cf. Chron. Saxon. ad ann. 1052. Flor. Wig. I, p. 209. Henr. Hunt. VI, 22.

[4]) cf. Chron. Saxon. ad ann. 1055. Flor. Wig. I, p. 212. Henr. Hunt. VI, 24.

[5]) cf. Chron. Saxon. ad ann. 1065. Flor. Wig. I, p. 223.

[6]) cf. Chron. Saxon. ad ann. 1052. Flor. Wig. I. p. 209. Henr. Hunt. VI, 22.

[7]) cf. Chron. Saxon. ad ann. 1055. Flor. Wig. I, p. 214. Henr. Hunt. VI, 24.

[8]) cf. Chron. Saxon. ad ann. 853 und 868.

die Witan ausdrücklich als beim Abschluss beteiligt erwähnt[1]). Ebenso hören wir von einer Mitwirkung des Witenagemots beim Abschluss des Friedens zwischen Aethelred II. und Olaf von Norwegen.[2])

Im Kriege erscheint uns das Witenagemot mehrmals auch als Kriegsrat;[3]) es kann dies nicht weiter auffallen, da es sich ja zum Teil aus den höheren Heerführern zusammensetzte, übrigens führten gelegentlich auch geistliche Herren kräftig das Schwert, so wird uns Chron. Saxon. ad ann. 1056 vom Bischof Aethelstan von Hereford berichtet, dass er im Kampfe gefallen sei. Wie weit die Rechte der Witan als Kriegsrat gingen, lässt sich nicht feststellen, es hing dies natürlich auch sehr von dem grösseren oder geringeren Feldherrentalent des Königs ab. Kemble (Sachsen in England II, p. 192) folgert aus Flor. Wig. I, p. 200, dass „die Verfügung über die bewaffnete Macht von dem öffentlichen Willen abhing". Die Stelle lautet: „Suanus rex Danorum suos legatos misit ad Edwardum regem Anglorum, et rogavit ut sibi classem mitteret contra Magnum regem Norreganorum .... sed quia Leofrico comiti et omni populo id non videbatur consilium, nullam ei mittere voluit". Es folgt jedoch aus dieser Stelle lediglich das eine, dass die Witan einem von Sven angebotenen Bündnis ihre Zustimmung versagten. Dass sie bei dem Abschluss derartiger Verträge mitwirkten, ist bereits oben gesagt, aber daraus ergiebt sich noch nicht, dass zu jedem Aufgebot des Heeres ihre Zustimmung hätte eingeholt werden müssen.

Der Geschäftsgang des Witenagemots war äusserst einfach. Die Mitglieder wurden vom König, bezw. von einem Erzbischof im Auftrage desselben, einberufen. Die Beratungen selbst wurden

---

[1]) cf. Schmid, Gesetze der Angelsachsen, p. 106 f. und p. 118 f.

[2]) cf. Chron. Saxon. ad ann. 993. Flor. Wig. I, p. 151 f. Henr. Hunt. V, 29.

[3]) cf. Chron. Saxon. ad ann. 992, 999 und 1052. Flor. Wig. I, p. 150 und p. 154.

eröffnet mit Gottesdienst,[1]) dann brachte der König seine Vorschläge ein, die dann beraten und genehmigt, oder auch abgeändert oder abgelehnt wurden[2].)

Die Thätigkeit des Witenagemots war somit eine sehr ausgedehnte. Worauf sie sich insgesamt erstreckte, lässt sich nicht mit kurzen Worten sagen; wie aus obigen Ausführungen hervorgeht, war sein Wirkungskreis zu verschiedenen Zeiten je nach den jeweiligen Umständen verschieden. Kann man auch Kemble und Freeman nicht Recht geben, von denen besonders der letztere in dem Witenagemot ein völliges Parlament sieht, das gelegentlich sogar Rechte durch die That vertreten habe, vor deren Ausübung eine moderne Volksvertretung zurückschrecke, und es zum eigentlichen Träger der Regierungsgewalt macht, so wäre es andrerseits ebenso verfehlt, wollte man seine Existenz vollkommen ignorieren und dem König von vornherein die Stellung eines absoluten Regenten zuweisen. Stets, unter jedem Herrscher, dem kraftvollsten wie dem elendesten Schwächling, wird das Witenagemot als in Regierungsangelegenheiten mitwirkend genannt, wenngleich diese Teilnahme bald grösseren, bald geringeren Umfang hatte.

Wodurch diese Verschiedenheit veranlasst wurde, haben wir oben gesehen: neben der jeweiligen politischen Lage hing sehr viel von dem persönlichen Charakter des Königs ab. Unter einem energischen Regiment war der Einfluss des

---

[1]) cf. Sim. Dunolm. hist. eccles. Dunelm. III, 10.
[2]) So Kemble, Sachsen in England II, p. 198 f. Wenn K. (l. c.) behauptet, die Witan hätten „ausdrücklich erklärt, dass sie katholischen Glaubens seien", so ist dabei zu beachten, dass die Versammlung, auf welche sich dies Protokoll (cod. dipl. V, N. 1019) bezieht, nur geistliche Angelegenheiten behandelt hat. Für eine Synode war ein Bekenntnis der Rechtgläubigkeit etwas ganz natürliches, dagegen folgt daraus noch nicht, dass diese Erklärung stets vor den Sitzungen des Witenagemots abgegeben wurde.

Witenagemots lediglich in der Theorie vorhanden, irgend welcher Widerstand gegen den Willen des Königs war aussichtslos und ward deshalb gar nicht erst ins Werk gesetzt; so war in Wirklichkeit der König absoluter Herrscher. Anders lag die Sache, wenn ein minder kraftvoller Regent das Szepter führte: naturgemäss schwoll dann den Grossen der Kamm. War nun gar noch die äussere politische Lage schwierig, bedurfte etwa der König der Dienste der Magnaten zu einem Kriege, so empfahl es sich von selbst, sie zarter zu behandeln, denn was sicherte den König davor, dass sie ihm die Heeresfolge verweigerten? Es lag auf der Hand, dass der Herrscher sich dann so viel wie möglich zu decken suchte, indem er auf die Wünsche einzelner angesehenen Familien, z. B. bei Besetzung hoher weltlicher oder geistlicher Würden, einging und so dieselben an sich zu fesseln suchte.

Dass eine solche Politik des „do ut des" unter Umständen bedeutende Machterweiterungen des Witenagemots im Gefolge haben konnte, ist klar. Wir finden aber keinen Anhaltspunkt, dass diese Machterweiterungen sich je soweit gesteigert hätten, dass die Witan einen entscheidenden Einfluss auf die Besetzung des Thrones gehabt hätten.

Die Bedeutung des Witenagemots liegt vor allem darin, dass es den einen Gedanken wach erhält: das Volk ist an der Regierung beteiligt, indem der König sich über Wohl und Wehe des Staates berät mit den „Witan", den „weisesten", erfahrensten Männern seines Volkes, die eben um ihrer Erfahrung willen die höchsten Stellen im Staate bekleiden. Freilich ist nicht zu vergessen, das speziell dieser letzte Gedanke im Laufe der Zeit erheblich modifiziert ist.

Die weitere Frage, ob das Witenagemot die normannische Eroberung überdauert, ob es im Zusammenhang steht mit den Hoftagen und weiter als Keim des englischen Parlamentes anzusehen ist, soll in einer besonderen, später vorzulegenden Arbeit behandelt werden, nur soviel sei hier vorweg genommen, dass die Frage in ihrem letzten Teile ganz entschieden zu verneinen ist.

www.ingramcontent.com/pod-product-compliance
Lightning Source LLC
Chambersburg PA
CBHW032216230426
43672CB00011B/2582